Ludwig Hagemann

Christentum contra Islam

Ludwig Hagemann

Christentum contra Islam

Eine Geschichte gescheiterter Beziehungen

PRIMUS
VERLAG

Einbandgestaltung: Jutta Schneider, Frankfurt

Die Deutsche Bibliothek – CIP-Einheitsaufnahme

Hagemann, Ludwig:
Christentum contra Islam : eine Geschichte gescheiterter Beziehungen / Ludwig Hagemann. – Darmstadt:
Primus Verl., 1999
    ISBN 3-89678-137-5

© 1999 by Wissenschaftliche Buchgesellschaft, Darmstadt
Gedruckt auf säurefreiem und alterungsbeständigem Werkdruckpapier
Printed in Germany

ISBN 3-89678-137-5

Inhalt

Vorwort

Wer die Zukunft meistern will, darf die Vergangenheit nicht vergessen. Ihre Bewältigung durch Verdrängen oder Ausblenden, Geschichte einfach hinter sich zu lassen, ist kein gangbarer Weg, um eine gemeinsame Zukunft – und um die geht es – aufzubauen. Das betrifft auch das Verhältnis von Christen und Muslimen. Trotz aller Verwandtschaft, die beide Religionen – Christentum und Islam – miteinander verbindet, sind sie im Laufe der Geschichte wenig geschwisterlich miteinander umgegangen. Im Gegenteil: Ihre gemeinsame Vergangenheit ist überwiegend eine unselige Geschichte der Polemik und Apologetik, der Aggression und Verzweiflung. Zwar kennt diese Geschichte auch Zeiten kultureller Befruchtung und religiöser Verständigung – vor allem in den einst muslimisch beherrschten Gebieten Spaniens –, doch überwiegen bei weitem Konkurrenz und Konfrontation, Eroberung und Wiedereroberung, Kriege und Feldzüge, Massaker und Blutbäder. In der Tat: Die Geschichte christlich-islamischer Beziehungen ist blutgetränkt. Gekämpft wurde im Namen der Religion, und der Krieg galt als heiliger Krieg, in ihm zu sterben als verdienstvoll. Immer ging es um Einfluß, Macht und Vorherrschaft – ideologisch, politisch, militärisch.

Ein Streifzug durch die abendländische Christentumsgeschichte macht das Ausmaß der Tragödie eines intoleranten Exklusivismus deutlich. Ob polemisch-apologetisch, missionsstrategisch oder kriegerisch – das beanspruchte Wahrheits- und Machtmonopol sollte mit allen Mitteln durchgesetzt werden; fanatisiert von der jeweils eigenen Ideologie, zogen Christen und Muslime gegenseitig in den mörderischen Kampf sowohl mit Worten wie mit Waffen.

Für das *Bild des Islams im Westen* hatten diese Auseinandersetzungen verheerende Folgen; sie wirken bis heute nach.

Noch immer läßt sich eine „gewisse antikoranische ‚Tollwut'" ausmachen, wie Pater Anawati O. P., ein unermüdlicher Vorkämpfer christlich-islamischer Aussöhnung, noch 1986 auf der 5. Religionstheologischen Studientagung St. Gabriel in Mödling bei Wien formulierte.[1] Hinzu kommt die in den letzten Jahrzehnten in Europa wieder gewachsene politische Islam-Angst, zweifellos geschürt von extremen Islamisten einerseits und effektiv genützt von christlichen

Fundamentalisten andererseits. Deswegen die Frage: Holt die Vergangenheit uns wieder ein? Erlebt das historische Feindbild des Islams bei uns eine Neuauflage? Werden neue Wunden geschlagen, bevor die alten überhaupt ausgeheilt sind.

In der Vergangenheit waren es Christen, die für die Verbreitung eines islamischen Feindbildes gesorgt haben. Heute besorgen das – bewußt oder unbewußt – jene islamistischen Gruppierungen, die mit Gewalt und Terror den von ihnen propagierten islamischen Gottesstaat errichten wollen.

Christentum contra Islam – diese Geschichte der gescheiterten Beziehungen zwischen Christen und Muslimen gehört der Vergangenheit an. Und diese Vergangenheit darf sich nicht wiederholen. Sie darf aber auch nicht vergessen, sie muß aufgearbeitet werden. Dazu will diese Studie einen Beitrag leisten. Sie versteht sich als Erinnerungs- und Trauerarbeit zugleich: In Erinnerung an die geschichtliche Hypothek, die auf beiden Religionen – Christentum wie Islam – lastet, mischt sich die ungetröstete Trauer um jene jahrhundertealte Tragödie, wie sie in der Geschichte der gescheiterten Beziehungen zwischen Christen und Muslimen jäh zum Vorschein kommt. Gegenseitige Schuldzuweisungen helfen angesichts dieser belasteten Vergangenheit nicht weiter. Erst die Einsicht „Alle haben gesündigt" (Röm 3,23) gewährt eine radikale Wende in den Beziehungen zwischen Christen und Muslimen. Daß die vielen Initiativen, die seit etwa Mitte der sechziger Jahre unseres Jahrhunderts christlicherseits zu einer Neuorientierung geführt haben, in der islamischen Welt Gehör und dort die Signale des guten Willens ein offenes Echo finden, ist für die Zukunft die einzige Hoffnung, um in gegenseitigem Respekt voreinander in dieser Welt miteinander leben und überleben zu können.

Nur wenn das gelingt, wird sich die vieldiskutierte Theorie des amerikanischen Politologen Samuel Huntington von den irreversiblen, weil grundsätzlichen Unterschieden der Zivilisationen und deren nahendem Zusammenprall als Interpretationsmuster gegenwärtiger Weltsituation als falsch erweisen.[2]

Für das Zustandekommen dieser Studie danke ich meinen Mitarbeiterinnen und Mitarbeitern: meiner Sekretärin, Frau Gabriele Raad, für die mühevolle Texterfassung, meinem Assistenten, Herrn Dr. Franz Noichl, in Zusammenarbeit mit Herrn Dipl.-Theol. Oliver Lellek, für hilfreiche Anregungen und Korrekturvorschläge, Herrn Alexander Maischein und Herrn Dipl.-Theol. Jens Werner für ihr aufmerksames Korrekturlesen. Für nötige Literaturbeschaffung danke ich Frau Dipl.-Bibl. Alexa Gwinner. Dem Verlag der Wissenschaftlichen Buchgesellschaft danke ich schließlich für die aufgeschlossene und sachkundige Betreuung der Veröffentlichung.

Wenn aus der Einsicht in die traurige Vergangenheit hier und da Verpflichtung für eine gemeinsam zu bauende Zukunft erwachsen sollte, wird das Buch seinen Zweck erfüllt haben.

Mannheim, im März 1999 *Ludwig Hagemann*

Abkürzungsverzeichnis

AHD   Archives d'Histoire doctrinale et littéraire du moyen âge, Paris 1926 ff.

AOL   Archives de l'Orient latin, Paris 1881–1884.

CH   Church History, New York–Chicago 1932 ff.

CSEL   Corpus scriptorum ecclesiasticorum latinorum, Wien 1866 ff.

DH   Denzinger, H., Enchiridion symbolorum etc., hrsg. v. P. Hünermann. Freiburg–Basel–Wien ³⁷1991.

DHGE   Dictionaire d'histoire et de géographie ecclésiastiques (hrsg. v. A. Baudrillart u. a., Paris 1912 ff.)

DThC   Dictionaire de théology catholique, hrsg. von A. Vacant und E. Mangenot, fortgesetzt von E. Amann, Paris 1930 ff.

EIs   Enzyklopädie des Islams, Leipzig 1931–1938.

HdK   Handbuch der Kirchengeschichte, hrsg. v. H. Jedin, Freiburg 1962–1974.

HJ   Historisches Jahrbuch der Görres-Gesellschaft (Köln 1880 ff.), München 1950 ff.

HW Islam   Handwörterbuch des Islam, hrsg. von A. J. Wensinck u. K. H. Kramers, Leiden 1941.

JEH   The Journal of Ecclesiastical History, London 1950 ff.

LThK   Lexikon für Theologie und Kirche, Freiburg 1930–38.

LThK²   Lexikon für Theologie und Kirche, Freiburg 2. Aufl. 1957–67.

LThK³   Lexikon für Theologie und Kirche, Freiburg 3. Aufl. 1993 ff.

MAH   Mélanges d'archeologie et d'histoire, Paris 1880 ff.

MFCG   Mitteilungen und Forschungsbeiträge der Cusanus-Gesellschaft, Mainz 1961 ff.

MIDEO   Mélanges de l'Institut Dominicain d'Études Orientales du Caire, Cairo 1954 ff.

MOG   Raymundi Lulli Opera omnia, Mainz 1721–42, Nachdruck Frankfurt/M. 1965.

MThZ   Münchener Theologische Zeitschrift, München 1950 ff.

NEIs   Encyclopaedia of Islam. New Edition, Leiden 1960 ff.

NvKdÜ	Schriften des Nikolaus von Kues in deutscher Übersetzung, Leipzig 1932 ff., Hamburg 1949 ff.
NZM	Neue Zeitschrift für Missionswissenschaft (Immensee), Beckenried 1945 ff.
OrChrP	Orientalis Christiana periodica, Rom 1935 ff.
PG	Patrologia Graeca, hrsg. von J. P. Migne, 161 Bde., Paris 1857– 66.
PL	Patrologia Latina, hrsg. von J. P. Migne, 217 Bde., Paris 1878–90.
RAC	Reallexikon Antike und Christentum, Stuttgart 1950 ff.
ROL	Raimundi Lulli Opera Latina, ed. F. Stegmüller u. a., Palma de Mallorca 1959–67; Turnhout 1975 ff.
StA	Studia Anselmiana, Rom 1933 ff.
TRE	Theologische Realenzyklopädie, hrsg. von G. Krause/ G. Müller, Berlin–New York 1976 ff.
ZDMG	Zeitschrift der deutschen morgenländischen Gesellschaft, Leipzig 1847 ff.
ZMR	Zeitschrift für Missions- und Religionswissenschaft, Münster 1928 ff.

Nicht aufgeführte Abkürzungen können nach S. Schwertner, Theologische Realenzyklopädie – Abkürzungsverzeichnis, Berlin–New York (2., überarb. u. erw. Auflage) 1993 aufgeschlüsselt werden.

Einleitung

Als zweitgrößte Religion der Erde hat der Islam heute infolge seiner religiös-politischen Renaissancebestrebungen aufs neue eine weltpolitische Dimension erreicht. Auf der Arabischen Halbinsel – im heutigen Saudi-Arabien –, weitab vom eigentlichen Weltgeschehen, hatte seine Wiege gestanden. Lediglich drei Städte, die alle an der sogenannten Weihrauchstraße lagen, die, von Syrien kommend, nach Südarabien führte, waren von größerer Bedeutung: Mekka, die größte von ihnen, mit seinem alten Zentralheiligtum, der Ka'ba, war Mittelpunkt des damaligen Handels; Yathrib, das spätere Medina, war eine Oase mit beträchtlicher jüdischer Bevölkerung und at-Ta'if, Kultstätte der altarabischen Göttin al-Lât, ein mit Mekka konkurrierendes, aber unterlegenes Handelsstädtchen. Zwar gab es aufgrund des Güterverkehrs Beziehungen zum nördlichen Syrien, doch insgesamt gesehen war jene Gegend, von der der Islam seinen Ausgang nahm, am Rande des Weltgeschehens gelegen.

Weltpolitik spielte sich woanders ab: Der Machtkampf zwischen dem Byzantinischen und dem Persischen Reich beherrschte das damalige Geschehen. Zwar lag die Arabische Halbinsel im Einflußbereich beider Großmächte, doch die eigentlichen Kriegsschauplätze lagen im Osten Kleinasiens, im syrisch-palästinischen Raum bis hin zu Ägypten. Dem byzantinischen Kaiser Herakleios (610–641) gelang es, die von Persien dem Byzantinischen Reich entrissenen Regionen – Ägypten, Palästina, Syrien – zurückzuerobern, in persisches Gebiet vorzudringen und den Persern 629 eine entscheidende Niederlage beizubringen. Doch der Erfolg war nicht von Dauer.

Beide Reiche, Byzanz wie Persien, waren von den gegenseitigen langen und harten Auseinandersetzungen erschöpft und geschwächt. Das machtpolitische Vakuum, das sie dadurch hinterließen, konnten dann die von der Kraft ihres Glaubens mobilisierten muslimischen Araber ausfüllen. Bereits im Sommer 636 – also vier Jahre nach dem Tod Muhammads – wurden die Byzantiner in der Schlacht am Yarmuk östlich des Sees Genezareth geschlagen, ein Jahr darauf die Perser, deren Hauptstadt Seleukia-Ktesiphon eingenommen wurde. Noch einmal versuchten die Perser, sich mit aller Kraft zur Wehr zu setzen, doch ihre Bemühungen waren vergeblich; in der Schlacht bei

Nihawand im Jahre 642 unterlagen sie den muslimischen Arabern. Das Reich der Sassaniden war dem Untergang geweiht. Byzanz überlebte. Immer wieder war es jedoch dem islamischen Expansionsdrang ausgesetzt: 638 fiel Jerusalem, zwei Jahre später die byzantinische Bastion Cäsarea in Palästina. Schon 639 hatte 'Amr ibn al-'Âs die ägyptische Grenze überschritten, und 640 wurden die Byzantiner nordwestlich des heutigen Groß-Kairo vor dem Kastell Babylon geschlagen, das nach dem Namen seiner Wallanlage „fossatum" in Fustât umbenannt wurde – heute im Stadtgebiet von Alt-Kairo gelegen. Damit war der Weg frei nach Alexandria, dem eigentlichen byzantinischen Stützpunkt. 642 kam es zur Räumung, doch drei Jahre später gelang es den Byzantinern, noch einmal die Stadt – wenigstens für einige Monate – zurückzugewinnen. Dann fiel sie endgültig in die Hände der muslimischen Araber: Das Ende der byzantinischen Herrschaft in Ägypten war besiegelt.

Die arabische Offensive war damit nicht zu Ende, das Byzantinische Reich weiterhin bedroht. Im Mittelmeer entbrannte ein erbitterter Seekrieg. Von Ägypten aus stießen die Araber in die byzantinische Provinz Afrika vor: Das Ende der byzantinischen Herrschaft bahnte sich auch hier an. Mit dem Aufbau der Stadt Kairouan im heutigen Tunesien als religiösem und militärischem Zentrum in Nordafrika hatten sich die muslimischen Araber eine günstige Ausgangsposition für die Eroberung Karthagos und der übrigen nordafrikanischen Regionen geschaffen. Zu spät, als nämlich Karthago bereits gefallen war (696), reagierte Kaiser Leontios mit der Entsendung einer Flotte; vor einem neuerlichen Vorstoß der Araber gegen Karthago wichen die Byzantiner widerstandslos zurück. Im Jahr 709 war dann ganz Nordafrika in muslimischer Hand.[1]

Mit dem Verlust aller südöstlichen und nordafrikanischen Provinzen büßte Byzanz große Gebiete seines Herrschaftsbereiches ein – Gebiete, die bis heute zum Kerngebiet der islamischen Welt gehören. In knapp achtzig Jahren war aus dem „Emporkömmling"[2] von der Arabischen Halbinsel eine religiös-politische Großmacht geworden.

Bei seiner Entstehung und ersten Ausbreitung war der Islam in seiner angestammten Heimat auf religiöse Gemeinschaften gestoßen, die in dieser Region bereits eine lange Geschichte hinter sich hatten. Zu ihnen zählten neben anderen auch Juden und Christen. Seit der Zerstörung Jerusalems durch die Römer im Jahre 70 waren Juden nach Arabien ausgewandert und hatten sich in den Oasen am westlichen Karawanenweg, der besagten Weihrauchstraße, angesiedelt. Auch Christen waren auf diesem Weg hierher gelangt: Vor allem im Verlauf der christologischen Auseinandersetzungen des vierten und fünften Jahrhunderts hatten besonders Monophysiten und Nestorianer hier Zuflucht gefunden und sich somit dem Zugriff der byzantinischen Reichskirche entziehen können.

Muhammad (ca. 570–632), der Stifter des Islams, hatte zunächst die von Generation zu Generation tradierten altarabischen Glaubensauffassungen seiner mekkanischen Landsleute geteilt, wobei ihm jüdische und christliche Vorstellungen aufgrund der Gegebenheiten in seiner Heimatstadt Mekka vom Hörensagen – zumindest rudimentär – bekannt gewesen sein dürften: Karawanenzüge, Kauf- und Handelsleute, die die bedeutenden Märkte dort besuchten, sowie die in seiner Geburtsstadt abgehaltenen Feste, die jährlich Menschen von nah und fern anzogen, hatten Mekka zu einem Schmelztiegel unterschiedlicher religiöser Vorstellungen werden lassen, zu einem geistigen Umschlagplatz zwischen Syrien im Norden und dem Jemen im Süden.

Muhammads Verhältnis zu Juden und Christen scheint in den ersten Jahren seiner prophetischen Verkündigung unvoreingenommen und ungetrübt gewesen zu sein. Juden und Christen waren für ihn „Leute des Buches", Adressaten göttlicher Offenbarung aus früheren Zeiten, die in ihren heiligen Schriften bereits vorliegen hatten, was er, Muhammad, nunmehr seinen Landsleuten verkündete. Überzeugt von der inhaltlichen Identität der göttlichen Offenbarung, sah Muhammad sich und seine Sendung in der Kontinuität jener großen Gesandten der Propheten- und Menschheitsgeschichte stehen, die für ihn mit Namen wie *Abraham*, dem Verkünder der ursprünglichen, reinen Religion, *Mose*, dem Verkünder der Thora, und *Jesus*, dem Verkünder des Evangeliums verbunden waren – so seine Vorstellung. Doch im Laufe der Zeit sollte sich seine Meinung ändern. Wie es dazu kam, warum Muhammad sich und seine Botschaft von der jüdischen und christlichen Überlieferung abzuheben sich anschickte, bis hin zu ihrer Verwerfung, das soll anhand koranischer Aussagen im folgenden dargestellt werden. Unser Hauptaugenmerk gilt dabei den Christen in koranischer Einschätzung.

I. Das Christentum im Verständnis des Korans: Begegnung – Mißverständnisse – Konfrontation

1. Muhammads theologische Prämisse: Die Einheit der göttlichen Offenbarung

Wie bereits erwähnt sah Muhammad seine Botschaft in der Kontinuität der früheren Offenbarungsschriften der Juden und der Christen stehen: „Und dies [d. h. der Koran] ist ein Buch, das Wir hinabgesandt haben, ein gesegnetes Buch, das bestätigt, was vor ihm vorhanden war ...“ (Koran 6,92[1]). Die Einheit der göttlichen Offenbarung ist durch die Vielfalt der Offenbarungsschriften – für Muhammad sind das vor allem die Thora, das Evangelium und der Koran – nicht gefährdet, sondern wird durch deren inhaltliche Identität ausdrücklich bestätigt. Weil die göttliche Offenbarung grundsätzlich immer dieselbe ist, gibt es letztlich auch nur eine sich auf verschiedene Art und Weise entfaltende Religion. Und diese Einheit, so u. a. Koran 3,84 – eine Sure aus der medinischen Zeit der Verkündigung Muhammads –, gilt es zu wahren. Denn: „Gott ist unser Herr und euer Herr“ (Koran 42,15; 2,139; 29,46).

Koran 5,44–48 beschreibt ausführlich das Verhältnis der drei genannten Offenbarungsschriften und ihre innere Zuordnung zueinander: Von Gott auf Mose, Jesus und Muhammad herabgesandt, bestätigen sie sich gegenseitig, der Koran als zeitlich letzte, von Gott kommende Schrift die beiden früheren Schriften, und diese wiederum den Koran. Alle drei Offenbarungsschriften sind somit als eine Einheit anzusehen, gibt es letztlich doch nur eine heilige Schrift, die „Mutter des Buches“ genannt (vgl. Koran 3,7; 43,4), die nach Koran 13,39 bei Gott aufbewahrt ist und den Menschen im Laufe der Zeit in ihren jeweiligen Sprachen zuteil wurde. Mit dieser offenbarungstheologischen Konzeption versuchte Muhammad bis in die medinische Zeit seiner Verkündigung hinein die von ihm geglaubte ursprüngliche Einheit der göttlichen Offenbarung und ihre inhaltliche Identität allen Entgegnungen zum Trotz zu wahren.

2. Abgrenzungen von Juden und Christen durch Eigenprofilierung

Als sich mit der Zeit jedoch herausstellte, daß weder Juden noch Christen gewillt waren, sich Muhammads unerschütterliche Überzeugung von der inhaltlichen Identität der göttlichen Offenbarungsschriften zu eigen zu machen, und sie sich entgegen seinen Erwartungen weigerten, den Islam als zeitlich letzte Offenbarung anzuerkennen und sich ihm anzuschließen, da änderte er allmählich seine Haltung ihnen gegenüber. Eine innere Distanzierung, zunächst von den Juden, dann auch von den Christen, setzte sich mehr und mehr bei ihm durch. Entscheidend waren nicht nur religiös-inhaltliche Gründe, sondern vor allem auch politisch-praktische: die Existenzsicherung seiner Gemeinde und ihre innere Konsolidierung. Um dem Islam zur alleinigen Herrschaft auf der Arabischen Halbinsel zu verhelfen, wurde nach und nach der Einfluß der jüdischen Stämme zurückgedrängt und dann auch die Wirkungsmöglichkeiten der Christen eingeschränkt, bis schließlich die entscheidende Anweisung erging, Juden und Christen zu unterwerfen und sie der Obhut der islamischen Gemeinschaft zu unterstellen (vgl. Koran 9,29). Denn der Islam ist bei Gott die einzig wahre Religion (vgl. Koran 3,19; 48,28; 5,3).

3. Muhammad und die Christen

Im Koran, dem heiligen Buch der Muslime, nehmen Überlieferungen aus dem Neuen Testament weit weniger Raum ein als die aus dem Alten Testament. Muhammad hat unter der Bezeichnung „Evangelium" (indjîl) die neutestamentlichen Schriften insgesamt zusammengefaßt, offenbar ohne zu wissen, daß es sich um eine Vielzahl von Schriften handelt, die als Neues Testament firmieren. Von einzelnen Hinweisen, Anklängen und Rückbeziehungen abgesehen, handelt es sich im wesentlichen um folgende theologisch relevante Passagen, die auf neutestamentliche Traditionen und deren Umfeld rekurrieren:

- Koran 19,1–33 enthält die mekkanische Version der Kindheitserzählung Jesu, ausgehend von der Botschaft an Zacharias.[2]
- Koran 3,33–57 beinhaltet die medinische Darstellung der Kindheit Jesu, beginnend mit Marias Geburt.[3]
- Koran 4,157–158 nimmt Bezug auf die Kreuzigung Jesu, die als Faktum negiert wird. Diese Stelle stammt ebenfalls aus medinischer Zeit.

- Koran 5,110–120 schließt verschiedene Bezugsquellen in sich ein: Dabei geht es um die Wundertätigkeit Jesu, die auch in den oben genannten Kindheitserzählungen zu finden ist, dann wird womöglich andeutungsweise Bezug auf das Abendmahl (Mt 26,20 ff. par) oder auch auf die Vision des Apostels Petrus in Joppe (Apg 10,9 ff.) Bezug genommen und schließlich Stellung bezogen zum Trinitätsverständnis, wobei die christliche Trinität als Dreiheit erscheint: Gott (Vater), Maria und Jesus (vgl. Koran 4,171). Auch diese Passage ist der medinischen Zeit der Verkündigung Muhammads zuzurechnen.

Die relativ spät einsetzende ausdrückliche Auseinandersetzung Muhammads mit den Christen und deren Glaubensaussagen hat verschiedene Gründe:

Anders als die Juden, die in Medina zusammen mit Muhammad und seinen Gefolgsleuten lebten und dort als politische und wirtschaftliche Machtfaktoren ihm gerade deswegen offensichtlich als Gefahr erschienen, waren die Christen für ihn und seine Gemeinde nicht von derart existenzbedrohender Bedeutung, daß er sie als unmittelbare Gefährdung einstufen mußte. Um dem vorzubeugen, regelte er seine Beziehungen zu ihnen durch Verträge. Der bekannteste und für beide Seiten günstigste ist der Vertrag mit den Christen von Nadjran im Nordjemen. Wohl um in Erfahrung zu bringen, welche politische Potenz sich im Norden, eben Medina, entwickelte, erschien eine christliche Delegation aus Nadjran bei Muhammad in Medina. Seiner Forderung, sich dem Islam zu unterwerfen, kamen sie nicht nach. Nach langen Verhandlungen und christologischen Kontroversen wurde ein Kompromiß gefunden, und Muhammad sicherte ihnen Schutzgarantien zu.[4]

Unabhängig von derartigen vertraglichen Regelungen hatte sich Muhammads theologische Einstellung zu den Christen bereits früher gefestigt. Kernpunkt war die Frage nach der Person Jesu.[5] Muhammad hat um die innerchristlichen Auseinandersetzungen und Streitigkeiten in christologischen Fragen gewußt, ja er führt bereits in mekkanischer Zeit die innerchristliche Uneinigkeit als Indiz für die Fehldeutung Jesu durch die Christen an.

Anfänglich scheint sich Muhammad den Christen sehr nahe gefühlt zu haben: Ein Teil seiner ersten Anhänger flüchtete – so wird erzählt – in das christliche Abessinien (Äthiopien), als die frühislamische Gemeinde unter dem wachsenden Druck der polytheistischen Mekkaner zu leiden hatte; das war im Jahr 615. Als Botschaft an den dortigen Negus (Kaiser) habe Muhammad seinen Leuten den

ersten Teil der Sure 19 mitgegeben (vgl. Koran 19,16–34), um so
unter Beweis zu stellen, daß auch die Muslime jenen Christusglau-
ben hätten, zu dem sich die christlichen Abessinier bekannten.

Eine solche theologische Zugehörigkeits- und Verwandtschaftser-
klärung wurzelt in Muhammads offenbarungstheologischer Konzeption, von der oben die Rede war. Doch spiegelt diese Art theologischer Verbundenheit nur einen Teil dessen wider, was Muhammad
von den Christen hielt und dachte. Mit der Profilierung seiner eigenen Botschaft im Laufe der Zeit und je nach den Umständen seines
Kampfes um die Anerkennung seiner prophetischen Sendung und
um die Existenzsicherung seiner Gemeinde nahm Muhammad eine
jeweils andere Haltung zu den Christen ein.[6] Seine Einstellung zu
ihnen schwankt zwischen diesen Extremen: zwischen Freundschaft
(vgl. Koran 5,82) und Feindschaft (vgl. Koran 9,29–35). Daß Muhammad gegen Ende seines Lebens, als er die Macht auf der Arabischen Halbinsel errungen hatte, die endgültige Ausgrenzung der
Christen vollzog, indem er sie aus der „Gemeinschaft der Gläubigen" ausschloß (vgl. Koran 5,51), hing mit seinem Expansionswillen
zum Norden hin zusammen. Seine militärische Entscheidung, Truppen gegen die Vorposten des Byzantinischen Reichs in Syrien zu
schicken, sollte die unselige Auseinandersetzung zwischen dem orbis
christianus und dem orbis islamicus einleiten. Es war eine Entscheidung von weittragender Bedeutung, die ihre theologische Legitima-
tion in Koran 9,29–35 erhielt, wo Muhammad seine endgültige Haltung sowohl gegenüber Juden wie gegenüber Christen festschrieb:
„Kämpfe gegen diejenigen, die nicht an Gott und nicht an den Jüngsten Tag glauben und nicht verbieten, was Gott und sein Gesandter
verboten haben, und nicht der Religion der Wahrheit angehören –
von denen, denen das Buch zugekommen ist, bis sie von dem, was
ihre Hand besitzt, Tribut entrichten als Erniedrigte ..." Damit hatte
Muhammad eine singuläre militärpolitische Entscheidung ein für
allemal theologisch sanktioniert. Dadurch waren Juden und Christen
in den Status von Schutzbefohlenen des Islams versetzt, die von der
islamischen Gemeinschaft zwar toleriert, nicht aber voll integriert
werden, ja die auch mitunter ihre Unterordnung durch gewisse De-
mütigungen spüren sollen. Denn alle Welt muß wissen: Gott „ist es,
der seinen Gesandten mit der Rechtleitung und der Religion der
Wahrheit gesandt hat, um ihr die Oberhand zu verleihen über alle
Religion, auch wenn es den Polytheisten zuwider ist" (Koran 9,33;
vgl. 61,9; 48,28). Die noch unter Muhammad abgeschlossenen Unter-
werfungsverträge zunächst mit den Juden, dann auch mit den Chri-

sten wurden zum Vorbild für die Verträge mit den Nicht-Muslimen in der Zeit der großen arabischen Eroberungen.

4. Zur Rechtsstellung nichtmuslimischer Minderheiten, besonders von Christen im islamischen Staat

Das klassische islamische Rechtssystem – und nur darauf beziehen wir uns – geht von einer einheitlichen Gesellschaft aus, d. h. der Gesellschaft der Muslime, die ihr Verhältnis zu den Minderheiten auf der Grundlage von Verträgen regelt. Der Rechtsstatus der in islamischen Gesellschaften lebenden Minderheiten beruht auf einem Vertrag, in dem die Abhängigkeit der jeweiligen Minderheit von der muslimischen Mehrheit juristisch festgeschrieben und damit legalisiert wird – eine Praxis, die bereits, wie wir gesehen haben, auf Muhammad selbst zurückgeht. Danach gelten nur die Muslime als Vollbürger des islamischen Staates, während die anderen – vornehmlich Juden und Christen – lediglich als sogenannte Schutzbefohlene (dhimmî) geduldet werden.

„Das Schutzabkommen beinhaltet hauptsächlich die Pflicht der Schutzbefohlenen, der islamischen Obrigkeit, die das Land nach islamischem Recht und Gesetz regiert, untertan zu sein, sich dem islamischen Staat gegenüber loyal zu verhalten und die vereinbarten Tribute und Abgaben, Eigentums- und Kopfsteuern, zu entrichten. Im Gegensatz dazu verpflichtet sich der islamische Staat, das Leben der Schutzbefohlenen und die ihnen zugestandenen Rechte zu schützen."[7]

a) Pflichten der Schutzbefohlenen

Zu den Pflichten der Schutzbefohlenen gehört nach klassischem islamischem Recht die Zahlung einer vertraglich festgelegten sogenannten Kopfsteuer (Djizya), die jeder männliche Erwachsene an den islamischen Staat abzuführen hat. Hinzu kommen Eigentumssteuern und zusätzliche Abgaben etwa für die Unterhaltung des Heeres. Zeitweise waren die Nichtmuslime auch gehalten, sich durch ein markantes Merkmal bzw. in ihrer Kleidung erkennbar von den Muslimen zu unterscheiden.

b) Rechte der Schutzbefohlenen

Zu den Rechten der Schutzbefohlenen zählen:
(1) Eine relative Religions- und Kultfreiheit, d. h. die Ausübung der
    eigenen Religion mit den Auflagen, a) dies so zu tun, daß es dem
    religiösen Empfinden der Muslime und ihrem Superioritäts-
    gefühl nicht zuwiderläuft, und b) die Kulthandlungen nur inner-
    halb der bestehenden Kultgebäude (Synagoge/Kirche) zu voll-
    ziehen.
(2) Eine relative innere Verwaltungs- und Rechtsprechungsauto-
    nomie der jeweiligen Religionsgemeinschaft, wobei als oberste
    Norm die allgemeine Zuständigkeit des islamischen Rechts
    unangetastet bleibt. „Denn nur das islamische Recht als Grund-
    lage der staatlichen Gesetze gilt im gesamten Gebiet des Islams,
    während die Gesetze der jeweiligen Religionsgemeinschaften
    sich auf ihre eigenen Mitglieder beschränken."[8]
(3) Die Unantastbarkeit des Eigentums der Schutzbefohlenen, ver-
    bunden mit eingeschränkter Erwerbstätigkeit, sofern sie im Wi-
    derspruch zum islamischen Gesetz steht.

c) Ausgrenzungen der Schutzbefohlenen

Am nachhaltigsten eingeschränkt ist die Rechtsstellung der Schutz-
befohlenen im politischen Bereich. Die Ausübung der Macht im
Staat steht nach islamischem Recht ausschließlich den Muslimen zu,
Juden und Christen werden ausgegrenzt; der Zugang zu hohen
Staatsämtern, so die muslimischen Rechtsgelehrten, muß ihnen ver-
wehrt werden.

Zusammenfassend können wir festhalten:
1. Das klassische islamische Rechtssystem geht von einer Gesellschaft mit einem Zwei-Klassen-System aus: Vollbürger sind nur
   die Muslime, Nichtmuslime werden toleriert.
2. Muslime und Nichtmuslime sind im islamischen Staat nicht
   gleichberechtigt, sie genießen nicht die gleichen Grundrechte und
   Grundpflichten: Nichtmuslime sind prinzipiell Bürger zweiter
   Klasse.
3. Die ihnen vertraglich zugestandenen Rechte sind vom islamischen
   Staat *gewährte* Rechte, die je nach den politischen Verhältnissen
   außer Kraft gesetzt werden können.

4. Diese relative Integration der Nichtmuslime im islamischen Staat oder – negativ formuliert – ihre partikuläre Ausgrenzung ist nicht nur im islamischen Rechtssystem sanktioniert, sondern auch immer wieder in praxi feststellbar und nachweisbar.

5. Eine solche Praxis machte und macht die Lebensgeschichte der sogenannten Schutzbefohlenen abhängig von den jeweils herrschenden politischen Verhältnissen und kann sie immer wieder unter dem Druck der islamischen Majorität zu einer Leidensgeschichte werden lassen.

II. Von Nordafrika nach Spanien: Der Islam auf dem Vormarsch[1]

„Es ist eine der paradoxesten Tatsachen der Geschichte, daß vom tunesischen Strande her das Christentum nach Paulus den stärksten Impuls zur Fortentwicklung erhalten hat", schrieb einst Adolf von Harnack.[2] Er bezog sich damit auf die „drei großen Söhne" dieser Region: Tertullian, Cyprian und Augustin. In der Tat hatten sie nicht nur maßgeblichen Einfluß auf die innerkirchliche Entwicklung und Gestaltung in ihrer Zeit, sondern sind – hier vor allem Augustinus – auch wirkungsgeschichtlich von weittragender Bedeutung für christliche Theologie und Kirche insgesamt geworden. Um so einschneidender erscheint die Tatsache, daß in ihrer Herkunftsregion – Nordwestafrika – das Christentum seit dem Einbruch des Islams im ausgehenden 7. Jahrhundert ausgedient zu haben scheint. Was geblieben ist, das sind die Kirchenruinen. Sie „zeugen vom zweimaligen Tod der Kirche"[3] in diesem Raum: Die einen aus jüngster Vergangenheit sind die Überreste aus der Zeit der europäischen Kolonialmächte, die anderen Relikte aus vorislamischer Zeit, als lebendige, wenn auch heftig zerstrittene Christengemeinden das Bild Nordafrikas bestimmt haben.

1. Eine zerstrittene Christenheit

Über die Anfänge des nordafrikanischen Christentums ist kaum etwas bekannt.[4] Karthago, die älteste Gemeinde, nimmt schon eine recht bedeutende Stellung ein, als sie für uns geschichtlich faßbar wird. Möglicherweise geht die Missionierung auf östliche Ursprünge zurück, wenngleich schon relativ früh enge Beziehungen zu Rom auszumachen sind: „Verschiedene Einflüsse, zuerst wohl stärker aus Syrien/Kleinasien, später mehr von Rom her, ergeben einen von Anfang an eigenständigen Typus des Christentums."[5]

Der wichtigste Zeuge des frühen Christentums in Nordafrika und zugleich sein einflußreichster Gestalter ist *Quintus Septimius Florens Tertullianus*, als Sohn eines heidnischen römischen Hauptmanns um 160 n. Chr. in Karthago geboren. In ihm begegnen wir dem ersten und profiliertesten Schriftsteller des vorkonstantinischen Christentums Nordafrikas.

Tertullians Schriften lassen kaum eine der Fragen aus, die in der damaligen Kirche zur Debatte standen. Damit gewährt er uns einen guten Einblick in die Situation der Christen seiner Zeit, die geprägt war von innerkirchlichen Spannungen und Auseinandersetzungen zum einen und staatlicher Verfolgung sowie christlicher Apologetik zum anderen – Spannungen und Auseinandersetzungen, die Jahrhunderte hinweg dauern sollten und die die damalige Christenheit innerlich schwächten.

Die 429 erfolgte Eroberung Nordwestafrikas durch die germanischen Vandalen bedeutete einen schweren Rückschlag für die römische Kultur und die ohnehin arg zerstrittene Christenheit. Die arianischen Vandalenkönige entfachten eine derartige Verfolgung der nordafrikanischen Christen mit Phasen größerer und geringerer Intensität, daß die Gemeinden bereits dem Untergang geweiht schienen. Über hundert Jahre sollte diese Unterdrückungs- und Verfolgungsperiode durch die Vandalen andauern.

Die Wiederherstellung der Reichsherrschaft 534 unter Justinian I. brachte zwar noch einmal eine kurze Verschnaufpause für die nordafrikanische Christenheit mit sich, sie erlag aber schließlich den muslimischen Arabern, die seit 643 in diese Region einfielen. Innerkirchliches Konkurrenzdenken und innerchristliche Streitigkeiten verhinderten eine solide kirchliche Sanierung. Von extremer Härte waren jene Maßnahmen, die Kaiser Justinian in seinem Erlaß vom August 535 traf: Um die Sonderstellung der katholischen Konfession zu stärken, verfügte er die Schließung arianischer, donatistischer, jüdischer und heidnischer Gotteshäuser und Kultstätten. Statt zur Befriedung beizutragen, schürte Justinian so aufs neue die innerkirchlichen Spannungen. Missionarische Erfolge waren nur begrenzt zu verzeichnen. Letztlich waren sie nicht von Dauer; der islamischen Invasion konnten sie nicht standhalten.

2. Die islamische Invasion und der Untergang des Christentums im nordafrikanischen Raum

Schon bald nach dem Tode des arabischen Propheten Muhammad sollte sich zeigen, welche ungeheure politische Stoßkraft die neue Religion entwickelte.[6] In einer gewaltigen Expansion drangen die muslimischen Araber nach Osten und Westen vor. Bereits 632, dem

Todesjahr Muhammads, hatte sich die territoriale Ausdehnung des Islams auf die gesamte Arabische Halbinsel erstreckt. Sieben Jahre später, 639, überschritt 'Amr ibn al-'Âs die ägyptische Grenze, von wo aus dann in den Folgejahren die Muslime in die byzantinische Provinz Afrika vordringen konnten. Mit dem Aufbau der Stadt Kairouan (670) im heutigen Tunesien als religiösem und militärischem Zentrum in Nordwestafrika schufen sich die Muslime eine günstige Ausgangsposition für die Eroberung Karthagos und der übrigen nordafrikanischen Regionen. Im Jahr 709 war dann ganz Nordafrika, abgesehen von Ceuta, in muslimischer Hand, das seither integraler Bestandteil des islamischen Herrschaftsbereiches geblieben ist. Ein Teil der Christen, insbesondere römische, floh nach Italien, während sich die Masse der einheimischen Berber dem Islam anschloß. Der verbliebene Rest der Christen mußte sich den Bedingungen der Eroberer unterwerfen, das heißt, gegen Zahlung einer Steuer (djizya, vgl. Koran 9,29) wurde ihnen Kultfreiheit gewährt, Glaubensverkündigung hingegen war ihnen verboten. Der unter dem Khalifen 'Umar II. (717–720) einsetzende massive Druck auf christlich gebliebene Berber zog zwangsläufig ihre Islamisierung nach sich. Wenn es auch bis ins 12. Jahrhundert hinein noch Hinweise auf ein Fortbestehen zumindest kleinerer christlicher Gruppierungen gibt[7] und christliche Inschriften und Relikte christlicher Kultstätten, durch archäologische Funde freigelegt, die Existenz von Christen an verschiedenen Orten des nordwestafrikanischen Raumes noch lange nach der islamischen Invasion bezeugen,[8] so führt doch kein Weg an der Tatsache vorbei, daß das Christentum hier – anders etwa als in Ägypten – zumindest als organisierte Größe der muslimischen Eroberung nicht standhalten konnte und recht schnell untergegangen ist.

Mit dem Verschwinden des Christentums im Maghreb war der orbis christianus arg geschrumpft. Dem Islam gegenüber befand sich die östliche wie westliche Christenheit zunächst in einer gewissen Hilflosigkeit und auch Verlegenheit.[9] Als Christ wußte man sich im Besitz der vollkommenen und vollständigen Wahrheit; die Offenbarung war mit dem Tod des letzten Apostels abgeschlossen, so daß nichts Neues mehr zu erwarten war. So wurde der Islam anfänglich nicht recht ernst genommen, auch nicht die Tatsache, daß mit dem Untergang des Christentums in Nordafrika eine ganze Region verloren gegangen war. Die östliche wie die westliche Christenheit ist sich des Ausmaßes der Tragik kaum bewußt geworden. Man betrachtete den Islam nicht, um seinen Eigencharakter kennenzulernen, sondern um ihn zu diskreditieren.

Vor allem im naheliegenden Spanien, wo sich Christen und Muslime jahrhundertelang befehdeten und gleichzeitig zusammen unter muslimischer Herrschaft leben mußten, kam es mit der Zeit zu einem geistigen Austausch mit der islamischen Kultur. Die Mozaraber, jene in den 711 von den Muslimen eroberten und okkupierten Regionen Spaniens lebende christliche Minderheit, genossen den sogenannten dhimmī-Status, d. h., sie durften als „Schrittbesitzer" unter bestimmten Bedingungen, u. a. bei Bezahlung einer Steuer, ihren Glauben praktizieren. Ihnen war der Schutz ihres Lebens, ihres Eigentums und ihrer Glaubenspraxis zugesichert. Während der Zeit der Umayyaden-Herrscher von 756–1031 prägte – von Ausnahmen abgesehen – friedliches Zusammenleben das christlich-muslimische Verhältnis.

Auch im Maghreb, wo die restlichen Christen ebenfalls als Schutzbefohlene des Islams galten (dhimmîs), kam es mit der Zeit aufgrund von Handelsverbindungen zwischen Muslimen und europäischen Christen zu einer gewissen Auflockerung der erstarrten Fronten. Auch hier konnte durch Vertragsabschlüsse die Kultfreiheit der Christen und damit auch eine eingeschränkte Tätigkeit der Missionare, d. h. die seelsorgliche Betreuung der christlichen Kaufleute und der Freikauf christlicher Sklaven und Gefangenen, gesichert werden; doch eine Missionierung unter den Muslimen blieb verboten. Bekanntgewordene Konversionen hatten vielfach eine Verfolgung der Christen und den Tod der Missionare und der Konvertiten, sofern sie sich nicht abgesetzt hatten, zur Folge. Apostasie wird im Islam bekanntlich mit dem Tode bestraft.

III. Erste Reaktionen
auf den Einbruch des Islams im Westen

Mit der überraschend schnellen territorialen Ausdehnung des Islams in der zweiten Hälfte des 7. Jahrhunderts sollten sich die politischen Machtverhältnisse und damit verbunden die religiöse und politische Landkarte im mediterranen Raum gewaltig ändern. Nach der Eroberung Nordafrikas fiel 711 Spanien in die Hand der Muslime, und das Westgotische Reich ging unter. Erst 732 setzte Karl Martell der muslimischen Expansion durch den Sieg von Tours und Poitiers in dieser Region ein Ende. In anderen Teilen Europas gingen die Eroberungen jedoch weiter: Im Osten war das Byzantinische Reich bedroht, im Westen fiel im 9. Jahrhundert Sizilien an die Araber. Von Unteritalien aus schlugen sie im Jahre 983 den römisch-deutschen Kaiser Otto II.

Doch die Lage änderte sich: Die Muslime wurden sowohl aus Frankreich als auch von den Normannen aus Italien und Sizilien verdrängt. In Spanien allerdings waren sie so fest etabliert, daß die Wiedereroberung, die Reconquista, bis zum Ende des Mittelalters dauerte.[1]

Dem Islam stand die Christenheit zunächst hilflos gegenüber. Wie sollte man sich seine so rasche Verbreitung erklären? Entsprechend verlegen, weil uninformiert, waren die ersten Reaktionen.

1. Ignoranz und Polemik

In der Beurteilung des Islams aus christlicher Sicht sind verschiedene Perioden mit unterschiedlichen Positionen erkenntlich.[2] Friedliche Koexistenz oder feindliche Konfrontation wirkten sich nachhaltig in den Stellungnahmen der christlichen Autoren zum Islam aus. In der Anfangsphase der Begegnung zwischen den beiden Religionen dominierte die Unkenntnis. Gut hundert Jahre nach dem Tod Muhammads setzte sich im Orient Johannes von Damaskus (um 650 – vor 754) mit dem Islam auseinander. Sein Wissen über die neue Religion verdankte er seinem persönlichen Kontakt zu den Muslimen, unter denen er gelebt und gearbeitet hat. In „De Haeresibus",

dem zweiten Teil seines theologischen Werkes „Die Quelle der Erkenntnis", zählt er den Islam zu den Häresien. Denn Muhammad sei
insbesondere von einem arianischen Mönch informiert worden: Das
erklärt für Johannes auch die Tatsache, daß im Koran Christus zwar
„Wort" und „Geist" Gottes genannt, seine Gottheit aber bestritten
werde. So hielt er die Lehre Muhammads bezüglich der Christologie
für eine christliche Häresie arianischer Prägung.

Diese These von der Beeinflussung Muhammads durch einen
christlichen Mönch ist in der langen Tradition der antiislamischen
Polemik sowohl byzantinischer wie lateinischer Provenienz immer
wieder aufgegriffen worden. Der Ursprung jener Legende von einem
christlichen Lehrer Muhammads, der ihn unterwiesen habe, dürfte
in der frühen muslimischen Bahîra-Erzählung liegen.[3] Anlaß dafür
bot jener Vorwurf im Koran, wonach Muhammad von einem Menschen belehrt worden sei, der sich nicht der arabischen Sprache be-
diente: „Und wir wissen ja doch, daß sie (die Ungläubigen) sagen:
‚Es lehrt ihn (Muhammad) gewiß ein Mensch'. Die Sprache dessen,
auf den sie hinweisen, ist eine fremde, und dies hier ist eine deutliche
arabische Sprache" (Koran 16,103).

In der späteren byzantinischen und lateinischen Tradition erhielt
der arianische Mönch, von dem bei Johannes Damaskenos die Rede
war, die Namen Sergius, Nestorius, Georgios, Nikolaus, Johannes etc.;
er erscheint sowohl als Nestorianer oder Monophysit wie auch Aria-
ner, ja auch als Apostat und sogar als Verfasser des Korans; am häu-
figsten wurde er indes als Nestorianer angesehen und als mysteriöse
Informationsquelle Muhammads dargestellt.

Zu Beginn des 9. Jahrhunderts berichtet Theophanes Confessor in
Fortsetzung der Chronographie seines Freundes Georgios Synkellos
eingehend Muhammads Werdegang und seinen Aufenthalt bei den
Juden und Christen.[4] Diese im Mittelalter sehr bekannte Chronik
wurde in ihrer lateinischen Übersetzung des Anastasius Bibliotheca-
rius (gest. 879) als „Chronographia tripartita"[5] auch für den abendländischen Raum wichtig. Darin ist ebenfalls von einem häretischen
Mönch die Rede.[6]

Mit dem Beginn der Kreuzzüge (1096)[7] und in deren Verlauf mehren sich die Informationen der Lateiner über den Islam und seinen
Stifter. Die Legende von der christlichen Beeinflussung Muhammads durch einen häretischen Mönch begegnet uns in den folgenden
Jahrhunderten in den verschiedensten Variationen: Muhammad erscheint als das Opfer eines Mönches, der vergeblich das Patriarchat
von Jerusalem angestrebt habe und daraufhin als Zauberer in Liby-

en auftrat; von einem abendländischen Eremiten ist die Rede, dem es wegen seiner Häresie nicht gelungen war, Patriarch zu werden, und der dann Einfluß auf Muhammad genommen habe.

Erstmals im lateinischen Westen nennt Petrus Venerabilis (1094–1156), Abt von Cluny und Initiator der abendländischen Islamstudien in seinem Brief an Bernhard von Clairvaux (um 1090–1153)[8] einen nestorianischen Mönch mit Namen Sergius als Muhammads Informationsquelle. Sergius habe die Gottheit Christi bestritten und für diese Überzeugung Muhammad gewonnen.

In der Folgezeit vermischen sich verschiedene Überlieferungen: Sergius tritt als häretischer Mönch, Apostat und Verführer Muhammads auf. Die Tradition des in der Ostkirche gescheiterten Mönches wird verschiedentlich umgedeutet und in den Westen verlegt: Da ist von einem Kleriker die Rede, der in Rom vergeblich nach Höherem gestrebt habe. Im sogenannten „Liber Nicolai" erscheint ein gewisser Nikolaus als Kardinal. Er wird als Nikolait beschrieben, der ein zügelloses Leben führte. Die Vorstellung, wonach Muhammad mit Nikolaos, einem der sieben von den Aposteln gewählten Diakone, in Verbindung zu bringen sei oder seine Lehre mit der der Nikolaiten, einer gnostisch-libertinistischen Bewegung, als deren Inaugurator die patristische Tradition im Anschluß an Irenäus den in der Apostelgeschichte genannten Nikolaos aus Antiochien (vgl. Apg 6,5) sieht, weist bereits Petrus Venerabilis zurück. Dennoch ist diese Legende weiterhin tradiert worden. Jacob von Acqui (Beginn des 14. Jahrhunderts), Dominikaner, berichtet von einem abgefallenen Kleriker Nikolaus, der nach Persien reiste und sich mit Muhammad, einem Teufelsdiener, verband. Zu ihnen stieß ein Mönch Sergius und alle drei ersannen gemeinsam eine neue Sekte, in der Muhammad zum Gott hochstilisiert worden sei.

Die Volksphantasie über Muhammad und die Entstehung des Islams kannte offensichtlich keine Grenzen. Alle diese legendären Traditionen verfolgen den offenkundigen Zweck, die neue Religion als nicht originär und ursprünglich darzustellen, vielmehr als Echo einer häretisch-christlichen Unterweisung und damit als Fälschung abzustempeln. Auf diese Weise sollte der Anspruch des Korans, Offenbarungsschrift göttlichen Ursprungs zu sein, entkräftet und aufgehoben werden.

Hinzu kam die im Mittelalter immer wieder auftauchende Frage nach der Möglichkeit der so raschen Ausbreitung des Islams. Durch den Einbruch der Muslime in den Mittelmeerraum bis hin nach Spanien war der orbis christianus arg zusammengeschrumpft. Hatte er einst das gesamte Römische Reich umfaßt, ja weit über dessen Grenzen hinausgereicht, so gingen mit dem Vordringen des Islams der ganze Vordere Orient, Arabien, Persien, selbst Teile Europas verloren. Wie war das möglich gewesen? Einen Grund dafür glaubte man in kriegerischen Ausbreitungsmethoden des frühen Islams zu finden, einen weiteren vermutete man in der Zauberei. Und schon rankten sich um die Person Muhammads die Legenden, die von seinen Zauberkünsten, seinen Verführungs- und Täuschungsmanövern wissen wollten. Zauberei aber galt als die Kunst der Magier, die ihrerseits wieder mit Persien in Zusammenhang gebracht wurden; hier mußte also der Ursprung liegen, jener mysteriöse Lehrer, der so nachhaltig auf Muhammad eingewirkt haben sollte.

2. Militärische Aktionen: Kreuzzüge und Reconquista

Vielfältige Motive verbergen sich hinter jener Idee, die über Jahrhunderte hinweg die Beziehungen zwischen Christen und Nichtchristen, d. h. Juden und Muslimen, beherrschte: der teils defensive, teils offensive Kampf gegen die, wie man sie hieß, Feinde des christlichen Glaubens.

Christlicherseits ist man leicht geneigt, die Idee des sogenannten Heiligen Krieges (arabisch: djihâd) einseitig der islamischen Tradition anzulasten, steht doch im Koran: „Setzt euch mit eurem Vermögen und mit eurer eigenen Person auf dem Wege Gottes ein" (vgl. Koran 9,41), was vom Wortsinn her nichts anderes bedeutet als die verpflichtende „Anstrengung", sich mit Leib und Leben für den Glauben gegen alle Widerstände selbst aus eigenen Reihen einzusetzen. Das meint das Wort djihâd. Diese Pflicht gilt für die muslimische Gemeinschaft als Gesamtheit; d. h., die ganze islamische Gemeinschaft (al-umma al-islamiyya) muß sich darum bemühen, daß sich dieser koranischen Vorschrift entsprechend das Gesetz Gottes durchsetzen kann.

Unter den Gegebenheiten zur Zeit Muhammads bedeutete das den bewaffneten Kampf, üblicherweise Heiliger Krieg genannt. Dem entspricht bereits der koranische Befund, ebenso wie die späteren Interpretationen in den Rechtsbüchern. Nach muslimischer Auffassung ist die Welt – so die klassische Theorie im Mittelalter – in zwei Lager geteilt: (1) „das Gebiet des Islams" (dar al-'islam) und (2) „das Gebiet des Krieges" (dar al-harb), m. a. W. das Lager der Muslime und das Lager der Nicht-Muslime. Zur Verteidigung des islamischen Gebietes und zu seiner Ausweitung zwecks Einführung der islamischen Ordnung ist der djihâd als probates Mittel gefordert.

Wer im Kampf um die Sache Gottes – als Vorbild dient das Vorgehen Muhammads in Medina gegen die Ungläubigen – sein Leben verliert, darf des Paradieses sicher sein (vgl. Koran 8,66; 9,112; 4,97f; 3,163; 2,149).

Die abendländische Christentumsgeschichte hat ihrerseits – anknüpfend an philosophische Überlegungen der Antike – die klassische Lehre vom „gerechten Krieg" (bellum iustum) entwickelt, und zwar im deutlichen Gegensatz zur ältesten Christenheit, die in großer Distanz zu Krieg und Kriegsdienst stand.

Wegweisend war Augustinus (354–430). Ausgangspunkt seiner Argumentation gegen die Häretiker ist Lk 14,23: „Geh hinaus an die Landstraßen und die Zäune und nötige sie hereinzukommen, damit mein Haus voll werde!" Das „nötige sie hereinzukommen" (compelle intrare) diente ihm der Rechtfertigung eines gerechten Krieges gegen die Häretiker. Möglicherweise deutet das „nötigen" bei Lukas bereits „auf robuste Missionspraktiken" hin, die dann im Laufe der Kirchengeschichte zu unsäglichen Exzessen geführt haben.[9] Thomas von Aquin (1225–1274) nennt in Anlehnung an Augustinus u. a. folgende ethische Kriterien, die seiner Meinung nach einen Krieg rechtfertigen können: 1. Die legitime Autorität der zuständigen Obrigkeit, auf dessen Geheiß hin der Krieg geführt wird. 2. Ein den Krieg rechtfertigender Grund, z. B. Selbstverteidigung oder Ahndung eines erlittenen Unrechts. 3. Die Verhältnismäßigkeit der Mittel. 4. Die rechte Absicht mit dem Ziel, dem Frieden zu dienen.[10]

Die eigentliche Intention dieser Lehre vom „gerechten Krieg" war somit „die Eingrenzung des Krieges durch eine ethische Kriteriologie. Die Leitfrage war also nicht: Wie kann ich ein gutes Gewissen für die Kriegsführung machen? sondern: hinter welchen restriktiven Kriterien ist Krieg allenfalls noch von Gott geboten?"[11].

Doch lange bevor Thomas im 13. Jahrhundert seine ethische Kriteriologie entwickelte, hatte die kriegerische Praxis im Christentum um sich gegriffen. Von Papst Gregor I. (590–604) gar wurde der Krieg zur Ausbreitung des Glaubens propagiert, wenngleich er sich Juden gegenüber als tolerant gezeigt hat.[12] Als Rache für eine tatsächliche oder vermeintliche Beleidigung Christi etwa, als Verletzung oder Schmähung des christlichen Glaubens galt der Krieg als geeignetes Mittel, den christlichen Einflußbereich zu sichern und auszuweiten: so zur Zeit Karls des Großen und seiner Feldzüge ge-

gen die germanischen und slawischen Heiden Zentraleuropas sowie
gegen die muslimischen Mauren diesseits und jenseits der Pyrenäen.
Im 9. und 10. Jahrhundert, als sich das christliche Europa immer wieder Invasionen heidnischer Völker ausgesetzt sah, verband sich „die
Idee des bellum iustum ganz speziell mit dem Begriff des Heiden-
krieges".[13] In diesem Sinne sicherten Papst Leo IV. (847–855) und
Papst Johannes VIII. (872–882) all denen ewiges Leben zu, die im
Kampf gegen Araber, d. h. Muslime, und Normannen, also Heiden,
fielen. Zwar war der Heidenkrieg an sich eine Pflicht der weltlichen
Obrigkeit, als deren „besondere Aufgabe die Befriedung der Kirche
im innern und ihre Ausbreitung nach außen galt"[14], er wurde aber
kirchlicherseits entschieden befürwortet und gutgeheißen, um Kirchen und Klöster vor plündernden Eindringlingen zu schützen. Dabei sollte es aber nicht nur bei der Defensive bleiben, sondern man
ging mit der Zeit auch zum Angriff über.

Mit dem Erstarken des Fehdewesens und der Raubzüge auf Kir-
chengüter im 9./10. Jahrhundert – eine Folge des Zerfalls des Karo-
lingerreiches – entstand die Gottesfriedensbewegung zur Sicherung
von privatem und kirchlichem Besitz. Ihre Bemühungen – besonders
vorangetrieben von Anhängern der cluniazensischen Reform – ziel-
ten auf das weithin verrohte Rittertum, um es in die öffentliche Ordnung einzubinden. Kampfbereite Friedensmilizen unter Leitung der
Kirche wurden gebildet, um für die Wiederherstellung von Ruhe und
Sicherheit zu sorgen. Damit vollzog sich aus dem Bemühen um den
Gottesfrieden heraus zwangsläufig eine Hinwendung der Kirche zu
kriegerischen Unternehmungen, die als heilige Kriege galten, „von
der Kirche gutgeheißen und in ihrem Dienst geführt".[15]

Auch der ab 1050 in Spanien wieder verstärkt aufgenommene
Kampf (Reconquista) wurde als heiliger Krieg betrachtet.[16] Das
Reformpapsttum hat derartige Initiativen nach außen und innen
unterstützt, so Papst Alexander II. (1061–1073)[17] die Eroberung
Barbastros 1064, den Normannenzug gegen England 1066 oder die
Mailänder Pataria in der von Machtinteressen mitbestimmten Aus-
einandersetzung um innerkirchliche Reformen.[18]

Gregor VII. (1073–1085) griff im Investiturstreit auf den alten
Begriff der „militia Christi" zurück, den er zur „militia Sancti Petri"
umfunktionierte. Hatte man ursprünglich mit „militia Christi" die
mit friedlichen Mitteln streitenden Kleriker verstanden, handelte es
sich nunmehr um aus der Ritterschaft rekrutierte Kämpfer der Kirche: „Das Rittertum als Stand hatte ein eigenes, ins kirchliche Welt-
bild eingebettetes Berufsethos erhalten, dessen sichtbarer liturgi-

scher Ausdruck die Ritterweihe war."[19] Die Wende der Kirche hin
zum Krieg war definitiv vollzogen. Gregor VII. selbst trug sich mit
dem Gedanken einer militärischen Aktion im Orient – angeführt
von ihm persönlich –, um das christliche Byzanz gegen die Heiden
zu unterstützen. 1071 war die byzantinische Militärmacht von den
türkischen Seldschuken bei Manzikert in Armenien geschlagen worden und Anatolien den turkmenischen Angriffen ausgeliefert. 1076
eroberten die Seldschuken auch Jerusalem, neun Jahre später das
griechische Antiochien, in Unteritalien fiel Bari an die Normannen.
Hinzu kam das innerchristliche Schisma von 1054. In der Bemühung
um eine Wiedervereinigung der Ost- und Westkirche mag der
Unionsgedanke Pate bei Gregors Orientplan gestanden haben.
Wenn er auch nicht ausgeführt werden konnte, ist er insofern von
Bedeutung, als „hier erstmals die Idee eines Feldzuges in den Raum
des östlichen Mittelmeers unter päpstlicher Leitung auftaucht"[20].
Zusammenfassend läßt sich festhalten: Die Idee des „heiligen Krieges" und die mit ihr verbundene Ausbildung eines christlichen Rit-
tertums als Kriegerstand im Dienst der Kirche hat den Kreuzzugsgedanken maßgeblich vorbereitet und schließlich Wirklichkeit werden lassen.

a) Kreuzzüge nach Jerusalem

Nach der Eroberung Jerusalems berichteten zurückkehrende Je-
rusalempilger – die Tradition der Jerusalemwallfahrten reicht zurück
bis ins 4. Jahrhundert – über Schikanen und Behinderungen durch
die neuen Machthaber. Diese Nachrichten sollten nicht ohne Wirkung bleiben. Als dann noch Kaiser Alexios I. Komnenos (1081–
1118) einen Hilferuf an Papst Urban II. (1088–1099) richtete, wirkte
der Aufruf des Papstes am 27. November 1095 auf der Synode zu
Clermont zur Befreiung des Heiligen Grabes aus der Hand der Ungläubigen, d. h. der Muslime, wie eine Initialzündung. Er fand unge-
ahnte Zustimmung: Zu Scharen nahmen wohl ausgebildete und ge-
rüstete Ritter unter dem Ruf „Deus lo vult" – „Gott will es" das
Tuchkreuz, das das Symbol der Kreuzfahrer werden sollte. Eigentliches Ziel war die Befreiung des Heiligen Grabes, doch dürften auch
die Hilfe für die Griechen sowie der Unionsgedanke mitgespielt haben. Neu jedoch war die in sich widersprüchliche Idee eines *bewaffneten Pilgerzugs*. Pilgerzüge nach Jerusalem hatte es – wie gesagt –
bereits seit Jahrhunderten gegeben. Jetzt aber ging es um kampfbereite, bewaffnete „Pilger": Mit ihnen entwickelte sich ein neuer

Segensritus: Außer den alten Pilgersymbolen wie Stab und Tasche wurde nun auch *das Schwert* gesegnet, die kirchliche Waffensegnung hatte ihren Anfang genommen.

Sowohl in den Kreuzzügen nach Jerusalem als auch in der Reconquista Spaniens haben die Idee des „heiligen Krieges" und die ritterliche religiöse Ideologie des Kampfes gegen die angeblichen Feinde des christlichen Glaubens ihre Anwendung gefunden.

Der Aufruf zu Clermont sollte alle Erwartungen übertreffen: Eine Massenbewegung entstand. Forderte in der Tat nicht Mt 10,38, das Kreuz auf sich zu nehmen? Und ließ sich nicht das Ideal der Christusnachfolge im Kampf gegen die Feinde des christlichen Glaubens ganz konkret in die Tat umsetzen – im Kreuzzug nach Jerusalem, verstanden als innigste Christusnachfolge bis in den Tod? Als Märtyrer zu sterben, um mit Christus zu leben – dieses Frömmigkeitsideal sollte bald in einer unbändigen Kreuzzugshysterie mit Füßen getreten werden. Der Eremit Peter von Amiens mobilisierte einen Volkskreuzzug. Die Folge ist bekannt: In den Rheinlanden kam es zu Judenmassakern, und der Zug selbst endete katastrophal.[21]

Neun Monate nach dem spektakulären Aufruf zu Clermont zogen vom 15. August 1096 bis Mai 1097 verschiedene Gruppenverbände auf unterschiedlichen Wegen nach Konstantinopel, um von dort weiterzumarschieren.

Am 3. Juni 1098 gelang es, Antiochien einzunehmen, wo man angeblich die Lanze des römischen Soldaten von Golgatha fand. Etwa ein Jahr später – am 14. Juli 1099 – wurde Jerusalem erobert. Das furchtbare Blutbad, das die Kreuzfahrer dort anrichteten, ließ alle religiösen Triebkräfte, die den Muslimen ohnehin verschlossen blieben, zur Makulatur werden. Das militärische Ziel dieses ersten Kreuzzuges (1096–1099) wurde erreicht: die Festigung christlicher Herrschaft im Vorderen Orient. Vier fränkische Kreuzfahrerstaaten entstanden: das Königreich Jerusalem, das Fürstentum Antiochien und die beiden Grafschaften Edessa und Tripolis. Zur Verteidigung der eroberten Gebiete gründeten sich Ritterorden mit monastischer und zugleich militärischer Ausrichtung. Zu den bedeutendsten Ritterorden zählten die Johanniter, Templer und der Deutsche Orden.

Die Rückeroberung Edessas im Jahre 1144 durch Atabeg Zengi aus Mossul im heutigen Irak zusammen mit Streitkräften aus dem nordsyrischen Aleppo löste den zweiten Kreuzzug (1147–1149) aus. Papst Eugen III. (1145–1153) rief in einer Bulle vom 1. Dezember 1145 dazu auf, massiv unterstützt durch die kriegtreiberischen

Kreuzzugspredigten des Bernhard von Clairvaux. Anders als sein Freund Petrus Venerabilis, der sich für eine intellektuelle Auseinandersetzung mit dem Islam engagierte,[22] vertrat Bernhard den kriegerischen Flügel im Kampf gegen die Muslime. Anders als erwartet, nahm der zweite Kreuzzug ein schmähliches Ende, die intendierte Belagerung von Damaskus schlug fehl.

Nach der Zurückschlagung des zweiten Kreuzzuges konnte der Sohn und Nachfolger Zengis, Nuraddin ibn Zengi (1149–1174), das gesamte muslimische Syrien vereinigen. Er festigte die moralische Einheit der Muslime untereinander und sorgte für ein neues Bewußtsein, nämlich im Geist des djihad gegen die Kreuzfahrer zu kämpfen. Als Mitte des 12. Jahrhunderts die Intervention der Kreuzfahrer in Ägypten ansetzte, entschloß sich Nuraddin, die sunnitische Rückgewinnung des fatimidischen Ägypten mit dem Krieg gegen die Kreuzfahrer, muslimischerseits als „Franken" bezeichnet, zu verbinden. Sein kurdischer Gefolgsmann Salâhaddîn ibn 'Ayyub, genannt Salâhaddîn ibn 'Ayyubaladin (1169–1193), brachte das fatimidische Kalifat 1171 zu Fall.

Als Herr über Syrien, Ägypten und Nordmesopotamien wurde Salâhaddîn ibn 'Ayyub zum großen Gegenspieler der Kreuzfahrer. In der Schlacht von Hittin in Galiläa gelang ihm am 4. Juli 1187 der entscheidende Sieg über die Ritterheere, am 2. Oktober desselben Jahres eroberte er Jerusalem. Damit war das gesamte, von der Kirche gesteuerte und im Westen so euphorisch angegangene Kreuzzugsunternehmen an sein eigentliches Ende gekommen. Die folgenden Kreuzzüge – in der Geschichtsschreibung zählt man gemeinhin sieben auf, ohne damit alle Jerusalemzüge einzuschließen – sind eher als Nachspiele eines insgesamt fehlgeschlagenen Unterfangens einzustufen.

Der Fall Jerusalems 1187 löste den dritten Kreuzzug (1189–1192) aus. Sein Ziel, die Heilige Stadt zurückzuerobern, mißlang. Jerusalem blieb in muslimischer Hand. Mit Saladin konnte ein Waffenstillstand ausgehandelt werden, der Pilgerfahrten nach Jerusalem ermöglichte.

Der vierte Kreuzzug (1202–1204), initiiert von Papst Innozenz III. (1198–1216), richtete sich aufgrund venetianischer Handelsinteressen nicht gegen die Muslime, sondern gegen Konstantinopel und die Überreste des Byzantinischen Reiches: Konstantinopel wurde 1204 faktisch eine venetianische Kolonie. Die dortige Errichtung eines Lateinischen Kaiserreiches (1204–1261) verschärfte natürlich den Gegensatz zur griechischen Orthodoxie. Nicht nur das: Mit der Eroberung Konstantinopels wurde jene Macht liquidiert, die den Muslimen hätte Paroli bieten können.

Ein äußerst trauriges Kapitel in der Geschichte der Kreuzzüge ist der Kinderkreuzzug von 1212; er endete bereits in Marseille beziehungsweise Brindisi, wo ein Großteil der mitgezogenen Kinder entweder umkam oder als Sklaven verkauft wurde.

Trotz aller Rückschläge und Mißerfolge blieb die Wiedereroberung Jerusalems weiterhin Ziel der Politik Innozenz' III. Das Kreuzzugsdekret des vierten Laterankonzils aus dem Jahre 1215 avisierte für 1217 einen neuerlichen Vorstoß. Der Papst sollte ihn nicht mehr erleben. Hingegen gelang dem Staufer Friedrich II. (1215–1250) – von Papst Gregor IX. wegen wiederholten Kreuzzugsaufschubs exkommuniziert – im fünften Kreuzzug (1228–1229) auf dem Verhandlungswege mit dem ägyptischen Sultan al-Malik al-Kamil die Rückgabe Jerusalems an die Christen, ausgenommen die heiligen Stätten des Islams, sowie die Sicherung eines Waffenstillstands. Zur Überraschung krönte sich Friedrich II. selbst zum König von Jerusalem. Als Jahre später der französische Graf Thibaut IV. die Waffenstillstandsbedingungen brach, wurde 1244 Jerusalem wieder von den Muslimen erobert und das Ritterheer bei Gaza geschlagen.

Ein erneuter Kreuzzug wurde auf dem Ersten Konzil von Lyon im Jahre 1245 ins Auge gefaßt. Einzig König Ludwig IX. von Frankreich (1226–1270) versuchte, noch einmal im sechsten Kreuzzug (1248–1254) die Situation zu ändern: Doch er scheiterte mit seinem Heer in Ägypten, wurde gefangengenommen und konnte sich erst gegen Lösegeld freikaufen.

Danach nahm die lateinische Herrschaft im Orient ein schnelles Ende: 1261 fiel das Lateinische Kaiserreich in Konstantinopel – ein siegreiches Ereignis für die griechisch-orthodoxe Kirche –, unter Sultan Baibars (1266–1277) fielen die Kreuzfahrerfestungen im Landesinneren und Antiochien (1268).

Daraufhin zog Ludwig IX. noch ein letztes Mal im siebten Kreuzzug (1270) gegen Tunis, um von dort aus gegen Ägypten zu Felde zu ziehen. Sein Plan ging nicht auf. Er starb mit einem Großteil seines Heeres in Tunis an der Pest. 1289 ging dann Tripolis verloren und schließlich 1291 Akko, die Metropole des Königreiches Jerusalem. Alle Versuche, christlicherseits im Heiligen Land wieder Fuß zu fassen, waren nur von begrenzter Dauer. Letztlich sind sie alle gescheitert.

Die eigentlichen religiösen Triebkräfte der Kreuzzüge nach Jerusalem verblaßten schnell hinter der Kriegs- und Abenteuerlust, hinter Blutdurst, Beutegier und Machtsucht. Das Verhältnis zwischen Christen und Muslimen wurde aufs stärkste belastet. Eine neue is-

lamische Solidarität gegen die Christen war die Folge. Die östliche
Kirche war verbitterter als zuvor; die Bemühungen um eine Union
blieben erfolglos, ja der Spalt zwischen West- und Ostkirche war
durch die – wenn auch nur kurzlebige – Errichtung eines lateinischen Kaisertums in Konstantinopel nur noch vertieft worden.

b) Die Reconquista Spaniens

„Die Kreuzzugsidee hatte in Europa derartig gezündet, daß bald
auch andere Kriegszüge als Kreuzzüge deklariert wurden.“[23] Bereits
Papst Urban II. erkannte die Reconquista, die Rückeroberung der
von den Muslimen beherrschten Gebiete Spaniens, als Kreuzzug an
und verlieh den Kämpfern die gleichen Ablässe und Privilegien wie
den Kreuzfahrern im Orient.[24]

Als Karl Martell 732 dem Siegeszug muslimischer Truppen ein
Ende setzte, sollte das eine Wende mit historischen Dimensionen
einläuten. Denn von nun an war der Islam gezwungen, sich mit der
Zeit mehr und mehr aus dem westlichen Europa zurückzuziehen, bis
er schließlich 1492 verschwand. Doch dazwischen liegen Jahrhunderte: Wie konnte es zu dieser Entwicklung kommen? Hatten nicht Juden, Christen und Muslime während der Zeit der Umayyaden-Herrscher von 756–1031 im großen und ganzen friedlich auf der Iberischen Halbinsel zusammengelebt? Und zählte nicht diese Epoche
zur Blütezeit der islamischen mittelalterlichen Zivilisation? Gewiß,
aber eines darf nicht vergessen werden: Die Iberische Halbinsel war
nie ganz unter islamische Herrschaft gelangt. Im Nordwesten war
der Widerstand nie gebrochen, und seit dem 10. Jahrhundert fand
eine langsame, aber zähe Offensive christlicher Könige gegen die
Grenze statt, die in die Reconquista mündete – beginnend mit dem
Fall von Toledo 1085 und endend mit dem Fall Granadas 1492 –, die
unsägliches Leid, Unterdrückung und Vertreibung für die jüdische
und muslimische Bevölkerung zur Folge hatte.

Die Einnahme Toledos 1085 durch die Christen war zunächst allerdings nicht von Dauer: 1086 wurden sie in der Schlacht von Zal-
laqa von den aus Marokko kommenden Truppen der Almoraviden-
Dynastie besiegt. Dieser almoravidische Sieg über Kastilien und die
Vereinigung des islamischen Spanien unter ihrer Herrschaft hielten
die christlichen Rückeroberungen zwar auf, konnten sie aber nicht
stoppen. 1118 fiel Zaragoza. Die Almoraviden konnten sich noch bis
1147 halten, wurden dann jedoch von den Almohaden, einer anderen

Berberdynastie, gestürzt, die nunmehr die Herrschaft über das islamische Spanien mit übernahm.

Mit dem Beginn der almoravidischen Herrschaft in Spanien war die friedliche Koexistenz und kulturelle Symbiose von Muslimen, Christen und Juden, die nahezu vier Jahrhunderte gedauert hatte, beendet. Die Intoleranz Nichtmuslimen gegenüber nahm zu. Auch unter den Almohaden setzte sich diese unduldsame Tendenz, auch anders denkenden Muslimen gegenüber, fort. Die Konsequenz war diese: So bedeutende Denker und Intellektuelle wie der jüdische Philosoph Maimonides (1135–1204) oder muslimische Gelehrte wie Averroes (1126–1198) und Ibn al-'Arabî (1165–1240) verließen – Averroes vorübergehend – ihre spanische Heimat.

Hatten die Christen im Orient zurückstecken müssen, so sollten sie sich auf der Iberischen Halbinsel behaupten: 1212 besiegten sie die Almohaden in der Entscheidungsschlacht von Navas de Tolosa. Damit war, mitbedingt durch innerislamische Auseinandersetzungen, die christliche Reconquista unaufhaltsam auf dem Vormarsch, vor allem nach der Vereinigung von León und Kastilien. König Ferdinand III. von Kastilien und León (1217–1252) drang in das Zentrum des islamischen Andalusien vor und eroberte 1236 Córdoba und 1248 Sevilla. Bis auf Granada, das bis 1492 in muslimischer Hand blieb, war damit die Reconquista beendet.

Die Lage der Muslime – nunmehr unter christlicher Herrschaft – sollte sich anfangs nicht ändern. Auch sie konnten vorerst weiterhin ihren Glauben praktizieren. Wer jedoch als Muslim dazu in der Lage war, wanderte aus. Die, die blieben, nannte man Mudejaren.

Je mehr sich herauskristallisierte, daß es das politische Ziel der katholischen Könige war, Spanien zu einer ausschließlich christlichen Nation zu machen, desto mehr zerbröckelte die einstige kulturelle Symbiose zwischen Juden, Christen und Muslimen, eine Symbiose, die es seither nicht mehr gegeben hat. Mit der Vertreibung zunächst der Juden, dann auch der Muslime, beziehungsweise deren Zwangschristianisierung im Zug der großangelegten Inquisition endete jegliche Toleranz Nichtchristen gegenüber. Das Edikt vom 31. März 1492 ließ den Juden nur die Wahl zwischen Taufe und Exil, 1502 standen die Muslime Granadas vor derselben Wahl, 1526 die Muslime in ganz Spanien. Die zum Christentum Konvertierten nannte man Moriscos; ihnen blieb nur die völlige Assimilierung. Zwischen 1609 und 1614 wurden schließlich Hunderttausende Moriscos aus Spanien gewaltsam vertrieben.

Aus heutiger Sicht ist die Reconquista für viele Muslime „zum

Symbol für die Expansion der europäischen Staaten gegen die islamische Welt geworden und wird mit allen Formen eines modernen Kolonialismus in Beziehung gesetzt, gegen die es sich nach muslimischer Ansicht zu wehren gilt"[25]. Die Konsequenz, die Muslime daraus gezogen haben, lautet: „Inzwischen hat eine muslimische Wiedereroberung Andalusiens begonnen, indem große Teile des Landes von wohlhabenden Muslimen aufgekauft worden sind und andalusische Autonomie-Bewegungen Unterstützung durch verschiedene islamische Staaten erhalten."[26]

IV. Petrus Venerabilis:
Initiator der ersten lateinischen
Koranübersetzung

Exkurs: Selbstverständnis und Anspruch des Korans

Der Koran, die heilige Schrift der Muslime, enthält in 114 Suren die Heilsbotschaft Muhammads, die er als Offenbarungen Gottes verkündet hatte. Für den gläubigen Muslim ist der Koran das Wort Gottes schlechthin, das durch den Engel Gabriel (Djabrâ'îl) Wort für Wort Muhammad eingegeben wurde. Somit gilt der Koran als göttliches Diktat und besitzt deswegen absolute Autorität. Aufgrund seines göttlichen Ursprungs ist er unfehlbar und unüberbietbar. Er entspricht in seinem Inhalt der im Himmel aufbewahrten Urschrift (umm al-kitâb), von der bereits oben die Rede war. Als arabische Ausgabe der himmlischen Urschrift stellt der Koran nach islamischem Verständnis die abschließende Offenbarung Gottes an die Menschen in endgültiger und letztverbindlicher Weise dar.

Es ist genuin koranische Auffassung, daß die arabische Sprache eigens als die Sprache für die abschließende und definitiv-gültige Offenbarung Gottes gewählt wurde: In arabischer Sprache hat sich Gottes Wort letztlich manifestiert.[1] Darin zeigt sich ihre Sonderstellung, ihre Weihe und Würde. Für den gläubigen Muslim ist die arabische Sprache nicht nur eine religiöse, geistliche und liturgische Sprache, sondern in erster Linie *die göttliche Sprache*. Als solche ist sie unantastbar und unnachahmlich. Der Koran als arabischer Koran trägt damit die untrüglichen Merkmale seiner göttlichen Herkunft in sich.

Diese Auffassung entwickelte sich innerhalb der islamischen Dogmatik in der Lehre von der Unnachahmlichkeit und Unüberbietbarkeit des Korans (i'djâz al-Qur'ân) zu einem Glaubensdogma. Nur Gott als alleiniger Autor des Korans konnte ein derartiges Werk vollbringen, dessen absolute Unüberbietbarkeit nicht nur in seiner literarischen Schönheit, in seiner Sprache, seinem Rhythmus und Stil, sondern vor allem in seiner göttlichen Herkunft liegt.

Weil das heilige Buch der Muslime die von Gott in arabischer Sprache abgefaßte definitiv-gültige Offenbarung enthält, war es im

orthodoxen Islam bis in unser Jahrhundert hinein untersagt, den Koran in andere Sprachen zu übersetzen. Die oben angesprochene Lehre von der Unnachahmlichkeit des Korans dürfte wesentlich zum
Verbot der Koranübersetzung beigetragen haben. Ein weiterer
Grund mag in der literarischen Eigenart des Korans, dem Stil und
Rhythmus der Verse zu suchen sein. Nicht zuletzt wird auch die po-
litisch-territoriale Ausbreitung des Islams und damit die Erweiterung
des arabischen Sprachraumes dieses Verbot favorisiert haben. Er-
laubt waren lediglich paraphrasierende Darstellungen, Kommentierungen oder zwischenzeilige Erläuterungen in anderen Sprachen.

1. Zur Entstehungsgeschichte
der ersten lateinischen Koranübersetzung[2]

Bereits Mitte des 12. Jahrhunderts ist das islamische Verbot der
Koranübersetzung in Spanien durchbrochen worden. Es war Petrus
Venerabilis (1094–1156), Abt von Cluny, der im Westen diesen
Durchbruch wagte. Seiner Initiative ist die erste vollständige Koran-
übersetzung zu verdanken.

a) Das Sofortprogramm des Petrus Venerabilis

Als Wegbereiter für eine geistige Auseinandersetzung mit dem
Islam hat sich Petrus Venerabilis einen Namen gemacht. Auf seiner
Inspektions- und Visitationsreise durch die ihm unterstellten Klöster
Spaniens im Jahre 1142[3] kam ihm, so versichert er, der Gedanke an
eine geistige Auseinandersetzung mit dem Islam. Von dieser Idee
gepackt suchte er nach Möglichkeiten, sie in die Praxis umzusetzen.
Das Wissen um die Unkenntnis und die Unaufgeklärtheit seiner
Zeitgenossen über den Islam ließ ihn zu der Einsicht kommen, die-
ses Defizit beheben zu müssen. Sein Sofortprogramm umfaßt folgende Punkte:

Abbau des Informationsdefizits
Überzeugt davon, daß unabdingbare Voraussetzung für eine geistige Auseinandersetzung mit dem Islam die Kenntnis seiner Lehre
sei, ließ sich Petrus Venerabilis in Toledo den arabischen Koran und
einige Hadithe ins Lateinische übersetzen, um so aus direkter Quelle
über Glaube und Lehre der Muslime informiert zu sein.

Kritik militärischer Aktionen

Das von Petrus Venerabilis initiierte Projekt ist auch als Kritik und Mißbilligung der Kreuzzugsbewegung anzusehen. Ausdrücklich unterstreicht der Abt von Cluny in Abgrenzung zu Kreuzzugsunternehmungen seine abweichende Ansicht: „Ich jedoch greife euch (Muslime) an nicht, wie die Unsrigen so oft tun, mit Waffen, sondern mit Worten, nicht mit Gewalt, sondern mit Vernunft, nicht mit Haß, sondern mit Liebe."[4]

Priorität der Apologie des Glaubens

Für Petrus Venerabilis stand die Apologie des christlichen Glaubens gegenüber dem Islam im Vordergrund seiner Initiative und seines Engagements: „Es war meine Absicht, der Art jener Väter zu folgen, nach der sie niemals irgendeine Häresie ihrer Zeiten, sei sie auch die leichteste, wenn ich so sagen darf, schweigend übergingen, sondern ihr mit allen Kräften des Glaubens widerstanden und sie durch Schriften und Streitgespräche als verabscheuens- und verdammenswert erwiesen haben."[5]

b) Das Projekt einer lateinischen Koranübersetzung

Wie bereits gesagt, ließ sich Petrus Venerabilis in Toledo den arabischen Koran ins Lateinische übersetzen. Toledo in Mittelspanien war eines der Zentren der um 1136 mit Plato von Tivoli einsetzenden Übersetzertätigkeit vom Arabischen ins Lateinische. Nahezu vierhundert Jahre – von 712 bis 1085 – war Toledo unter muslimischer Herrschaft gewesen. So kann es nicht verwundern, daß noch ein beträchtlicher Teil der Bevölkerung arabisch sprach. Darüber hinaus hatten sich dort auch Gelehrte aus anderen Ländern eingefunden, um die arabische Sprache zu erlernen und an arabisch-muslimischer Gelehrsamkeit zu partizipieren.

Um sein Projekt einer lateinischen Koranübersetzung zu realisieren, wandte sich Petrus Venerabilis, wie er schreibt, an Gelehrte, die die arabische Sprache beherrschten,[6] und konnte aus ihrem Kreis den Engländer Robert von Ketton, der sich in Toledo mit der Übersetzung astronomischer und geometrischer Schriften arabischer Provenienz beschäftigte, für sein ehrgeiziges Vorhaben gewinnen. Ihm stellte er einen Muslim namens Muhammad zur Seite, um auf diese Weise eine möglichst exakte inhaltliche Wiedergabe der koranischen Glaubensüberzeugungen zu garantieren.

2. Zur Koranübersetzung des Robert von Ketton

Daß der Koran ein sehr schwer zugängliches Buch ist, wird auch von heutigen Arabisten und Islamwissenschaftlern gern zugegeben. Zum einen läßt die jetzige Anordnung der Suren des Korans ihre ursprüngliche chronologische Folge nicht mehr erkennen; die 114 Suren scheinen rein schematisch ihrer Länge nach angeordnet zu sein: Die umfangreicheren – oft ein nur schwer zu entwirrendes Konglomerat verschiedenartigster Glaubensaussagen – stehen am Anfang des Korans, die kürzeren Suren am Schluß. Zum anderen sind ohne Kenntnis der geschichtlichen Voraussetzungen und Zusammenhänge weder die koranische Verkündigung als ganze noch viele ihrer Details und ihre Anspielungen auf die Umwelt zu verstehen. Es gibt nicht wenige dunkle, verschlüsselte oder aber auch mehrdeutige Stellen im Koran. Wenn sich trotz intensiv betriebener Islam- und Koranforschung schon heute derartige Schwierigkeiten auftun, um wieviel mehr muß Robert von Ketton, als er die lateinische Koranübersetzung in Angriff nahm und damit völliges Neuland betrat, mit koranimmanenten Komplikationen konfrontiert gewesen sein. In seiner *Praefatio* zur Koranübersetzung gibt Robert das auch offen zu.[7] Es kann somit nicht verwundern, wenn er den Korantext, sofern er ihm inkohärent und alogisch aufgebaut zu sein schien, nach eigenem Gutdünken verständlich zu machen versuchte. Freilich sind ihm dabei auch schwerwiegende Entgleisungen und Fehler unterlaufen, die den Wert der ersten vollständigen Koranübersetzung erheblich mindern. Schon Johannes von Segovia (gest. nach 1456) hat um die Unvollkommenheiten, Schwachstellen und Mängel dieser Übersetzung gewußt.

a) Formale Eingriffe

Zu den vielen Freiheiten, die sich Robert von Ketton gegenüber dem arabischen Original herausnahm, zählte unter anderem die Neueinteilung der Suren. Den Terminus „Sure" (sura) selbst hat Robert von Ketton mit „Azara" wiedergegeben, nach M.-Th. d'Alverny wohl eine – auch in anderen Dokumenten zu findende – phonetische Angleichung an die ortsübliche Aussprache des Wortes. Die erste Sure (al-Fâtiha: die Eröffnende) – wegen ihres einzigartigen Inhalts auch als „Mutter des Buches" bezeichnet und als Gebet in etwa dem christlichen „Vater unser" vergleichbar – hat Robert von Ketton offensichtlich als Eingangsgebet angesehen und deswegen wohl nicht mitgezählt. Die langen Suren zwei bis sechs hingegen sind in kleinere Kapitel aufgeteilt. So kommt er statt der üblichen 114 Suren auf insgesamt 123 Suren.

b) Inhaltliche Mängel – drei Beispiele

Wichtiger jedoch als die formale Neugliederung des Korans sind die inhaltlichen Mängel, die die Kettonsche Übersetzung enthält. Wie die meisten lateinischen Übersetzungen aus damaliger Zeit hat auch Robert Ketton den arabischen Text häufig lediglich resümierend wiedergegeben. Auf verbale Präzision hat er wenig geachtet. Sein Anliegen war vielmehr, den Koran allgemeinverständlich zu machen. Um das zu erreichen, hat er nicht nur koranische Textstellen einfachhin unterschlagen, sondern auch, wenn es ihm angebracht schien, seinerseits Ergänzungen als offensichtliche Verstehenshilfen angefügt. Wir können hier nur drei Beispiele anführen:

Zur Übersetzung des Wortes Muslim
Im Gegensatz zu den Christen, die ihren Namen auf Jesus Christus zurückführen, bezeichnen sich die Anhänger des Islams nicht nach dessen Stifter Muhammad als „Mohammedaner", sondern verstehen sich als Muslime. Was meint das Wort „Muslim"?
Muslim ist die Partizipialform von aslama, einem Verbum im sogenannten IV. Stamm, 'îslâm der dazugehörige Infinitiv. Der Grundstamm des Verbs ist salima (slm) und bedeutet soviel wie „vollständig sein", „unversehrt sein", „heil sein". Der IV. Stamm, der die Wurzel im kausativen oder faktitiven Sinn modifiziert, hat dementsprechend den Sinn „vollständig hingeben". Näher zu bestimmen ist dabei jeweils das Objekt, das „vollständig hingegeben" wird, wie es etwa Koran 3,20 formuliert: „Ich ergebe ('aslamtu) mein Antlitz völlig Gott" (vgl. Koran 2,111; 4,125; 31,22). Doch ist offensichtlich 'aslama schon früh ohne Objektbeziehung im absoluten Sinn verwandt worden: Was mit ihm ausgedrückt werden soll, ist jene innere Haltung, in der der Mensch sein ganzes Selbst Gott anheimgibt und so echten und wahren Frieden findet. Das ist mit dem Wort Muslim gemeint.
Leider hat Robert von Ketton den genuin koranischen Sinn des Wortes Muslim nicht erfaßt und den tiefen spirituellen Sinngehalt, der in ihm steckt, nicht getroffen. Es hat diese für den islamischen Glauben so typische Haltung entweder umständlich umschrieben, einfach übergangen oder mit „credere" (glauben) wiedergegeben.

Falsche Lesart
Die arabische Sprache ist im wesentlichen eine Konsonantenspra-
che, nur die Langvokale sind angezeigt. Sofern keine weitere Voka-
lisierung angegeben ist, sind falsche Lesarten aus dem Konsonanten-
text leicht möglich, dessen Sinn ja oftmals nur aus dem Gesamtzu-
sammenhang erschlossen werden kann. Mit dieser Schwierigkeit
hatte möglicherweise auch Robert von Ketton zu tun, zumindest
aber mit der Schwierigkeit handschriftlicher Überlieferung.

Ein besonders verhängnisvolles Mißverständnis aufgrund falscher
Lesung enthält die Übersetzung von Koran 3,45: „Als die Engel sagten: ‚O Maria, Gott verkündet dir ein Wort (kalima) von Ihm, dessen
Name Christus Jesus, der Sohn Marias, ist; er wird angesehen (wadjîh) im Diesseits und Jenseits sein, und einer von denen, die in die
Nähe (Gottes) zugelassen werden …‘." Bei der Übertragung dieses
Verses vom Arabischen ins Lateinische ist Robert von Ketton ein
schwerwiegender und folgenreicher Fehler unterlaufen: Das arabische wadjîh (d. h. angesehen) hat er als wadjh (d. h. Gesicht) gelesen
und dementsprechend mit „facies" (Gesicht) wiedergegeben. In der
Geschichte der Auseinandersetzung zwischen Christentum und Islam hat ein bedeutender Vertreter des Christentums, Nikolaus von
Kues (1401–1464) – auf ihn kommen wir noch zu sprechen –, diese
Stelle zum Anlaß seiner christologischen Erörterungen im 19. Kapitel des ersten Buches seiner *Cribratio Alkorani* („Sichtung des Korans") genommen und mit Berufung auf den Koran Christus als
„Antlitz aller Völker" *(facies omnium gentium)* gedeutet. Diese Interpretation führt aus muslimischer Sicht in eine völlig falsche Richtung.

Tendenziöse Übertreibungen
In der antiislamischen Polemik byzantinischer wie lateinischer
Provenienz waren die islamischen Moral- und Sexualvorstellungen
seit jeher ein beliebtes Thema und im Zusammenhang damit auch
die koranische Eschatologie. In der Kettonschen Koranübersetzung
ist diesbezüglich auch ein gewisser Hang zu Übertreibungen nicht
zu übersehen. Selbst harmlose Textstellen erhalten nicht selten einen
lasziven Beigeschmack. Heißt es etwa in Koran 3,14: „Verlockend ist
den Menschen gemacht worden die Liebe zu dem, was man begehrt:
Frauen, Söhne …", so macht Robert von Ketton daraus: „Koitus und
Umarmung von Söhnen".

c) Der Wert der ersten lateinischen Koranübersetzung und ihr Beitrag zur christlich-muslimischen Verständigung im Mittelalter

Die von Petrus Venerabilis in Auftrag gegebene und im Juli 1143 vollendete lateinische Koranübersetzung war für die damalige Zeit zweifellos ein Schritt nach vorn, ein Schritt in die richtige Richtung. Zentrale Themen wie etwa das Prophetentum Muhammads sind authentisch dargestellt: Muhammad erscheint unmißverständlich als Prophet. Auch die von uns eingangs skizzierte offenbarungstheologische Konzeption des Korans ist ihrem Sinn nach klar getroffen. Das gilt ebenso für den Anspruch des Korans, geoffenbartes Wort Gottes zu sein, das vom Himmel herabgesandt worden ist. Robert von Ketton gebraucht in diesem Zusammenhang die Wörter „coelitus missus" (vom Himmel gesandt) und „divinitus" (göttlich). Selbst die koranische Kritik an der christlichen Trinitätsauffassung ist korrekt wiedergegeben. Als Beispiel sei Koran 4,171 angeführt; dort heißt es: „... Und sagt nicht: Drei. Hört auf, das ist besser für euch. Gott ist doch ein einziger Gott. Gepriesen sei Er und erhaben darüber, daß Er ein Kind habe ..." Die lateinische Version lautet: „ne dicatis Deos tres esse, cum non sit nisi Deus unus, qui filio caret ..." („Sagt nicht, es gäbe drei Götter, es gibt nur einen Gott ohne Sohn").

Trotz der vielen Unzulänglichkeiten, Fehler und Mängel, die die erste lateinische Koranübersetzung enthält, trotz Verkürzung des arabischen Originals durch Paraphrasierungen und Kommentierungen darf doch festgehalten werden, daß die wesentlichen Glaubensinhalte des Korans authentisch wiedergegeben sind. Dem westlichen Christentum war somit erstmals die Möglichkeit gegeben, sich mit dem heiligen Buch der Muslime selbst zu beschäftigen und auseinanderzusetzen. Dafür die Weichen gestellt zu haben ist das bleibende Verdienst des Petrus Venerabilis.

Die erste lateinische Koranübersetzung kann für sich beanspruchen, fünf Jahrhunderte hindurch die am meisten gebrauchte Übersetzung gewesen zu sein. Auf ihr basieren die ältesten uns bekannten Koranübersetzungen ins Italienische, Deutsche und Holländische. Die zahlreichen Manuskripte, die es von ihr gibt, zeugen für ihre weite Verbreitung in der damaligen Zeit. Erst 1698 wurde die lateinische Koranübersetzung des Robert von Ketton durch die unvergleichlich bessere und akkuratere Übersetzung des Italieners Ludovico Marracci endgültig verdrängt.

Als im 16. Jahrhundert die Kettonsche Koranübersetzung erstmals in Basel gedruckt werden sollte, wurde sie zum Streitobjekt unter Christen. Die einen waren für die Drucklegung, die anderen sprachen sich dagegen aus. Erst aufgrund einer Intervention Martin Luthers wurde am 11. Januar 1543 die Druckausgabe freigegeben.[8] Luther hatte sich im Oktober 1542 in einem Schreiben an den Rat zu Basel für die damals umstrittene Drucklegung mit der Begründung eingesetzt, „das man den Mahmet oder Turken nichts verdrieslichers thun, noch mehr schaden zu fugen kan (mehr denn mit allen waffen), denn das man yhren alcoran bey den Christen an den Tag bringe, darinnen sie sehen mugen, wie gar ein verflucht, schendlich, verzweivelt buch es sey, voller lugen, fabeln und aller grewel …".[9]

V. Die Orden der Franziskaner und Dominikaner in ihrer Auseinandersetzung mit dem Islam: Vier Beispiele

Mit Beginn der Missionstätigkeit durch die Orden der Franziskaner und Dominikaner Anfang des 13. Jahrhunderts setzte eine neue Phase islamisch-christlicher Auseinandersetzung ein. War die erste Zeit von Unversöhnlichkeit, Ignoranz und massiver Polemik gegen Muhammad und den Koran geprägt gewesen, so setzten sich nunmehr *apologetische* Tendenzen durch. Wenn auch die Polemik weiterhin ihren festen Platz in der Auseinandersetzung mit dem Islam behielt – entsprechend den jeweiligen politischen Verhältnissen bald stärker, bald schwächer ausgeprägt –, ist doch eine Akzentverschiebung in der Einstellung zum Islam erkenntlich. Die neue Akzentuierung resultierte aus der erwachenden Intention, den Muslimen den christlichen Glauben nahezubringen und ihnen Argumente für die Authentizität der biblischen Botschaft zu liefern. Was bereits in der Apologie des al-Kindi, einer der bekanntesten Apologien in arabischer Sprache, konzipiert als Schriftwechsel zwischen einem Muslim und einem Christen, im Orient des 9. Jahrhunderts versucht worden war und was Petrus Venerabilis im Westen angegangen hatte, das begann sich nun in breiter Front, getragen von den Bettelorden, durchzusetzen. Mögen auch praktische Missionserfolge, d. h. Konversionen gering gewesen sein, anzuerkennen ist die Absicht, die die jetzt anbrechende Phase der Auseinandersetzung mit dem Islam kennzeichnet: die Einsicht in die Notwendigkeit einer theologischen Kontroverse mit dem Islam und das Bemühen der Orden, dafür die Voraussetzungen zu schaffen.

Während die Franziskaner in erster Linie einer praktisch-missionarischen Pastoralarbeit nachgingen – sie beschränkten sich darauf, „durch Predigt und existentielles Beispiel in völliger Gewaltlosigkeit" zur Umkehr aufzurufen[1] –, haben sich die Dominikaner von Anfang an auch in der intellektuellen Auseinandersetzung mit dem Islam engagiert.

Ein derartiges Engagement setzte eine fundierte theologische

Schulung sowie Kenntnis der fremden Sprache voraus. Durch zwei Initiativen versuchten sie, diesem Problem beizukommen: Zum einen wurden ihre Ordensgelehrten angewiesen, die je eigenen Glaubensvorstellungen der Juden und Muslime sowie ihre mögliche Widerlegung in Handbüchern zusammenzustellen, die dann den Missionaren vor Ort zur Information und Orientierung dienen konnten, zum anderen gründeten die Dominikaner eigene Sprachenschulen. Damit waren erste Voraussetzungen geschaffen, die christlich-muslimische Kontroverse auf ein höheres Niveau zu heben.

Wegbereiter für eine Missionstätigkeit unter Muslimen war der Ordensgründer der Franziskaner, Franz von Assisi (1181/82–1226). Er selbst und Mitbrüder seiner Gemeinschaft widmeten sich der Predigt unter Muslimen, um sie zum Christentum zu bekehren – ein riskantes Unterfangen, das ein gerütteltes Maß an kindlicher Naivität offenbart. Denn sie setzten nicht nur ihr eigenes Leben aufs Spiel, sondern im Einzelfall auch das ihrer muslimischen Zuhörer, denen eine Konversion ja ausdrücklich verboten war. Bekanntlich wird nach islamischer Tradition Apostasie in der Regel mit dem Tod bestraft. So erklären sich zum einen auch die geringen Missionserfolge, und zum anderen wird man als weiteren Grund die religiös-politische Geschlossenheit und Stabilität des jeweiligen muslimischen Herrschaftsraumes ansehen müssen. Dessenungeachtet, aber auch, weil sie selbst ganz bewußt das Martyrium anstrebten, machten Franziskus und seine Gefährten sich auf, um unter Muslimen zu predigen. 1219 gingen fünf seiner Mitbrüder nach Marokko. Sie mußten, da sie den Islam unverhohlen diffamierten, obwohl Invektiven gegen Muhammad und die Lehren des Islams bereits im 9. und 10. Jahrhundert als verboten bekannt waren, ihr abenteuerliches Unternehmen ein Jahr später mit dem Leben bezahlen. Ihnen war damit mehr „Erfolg" beschieden, wie H. Feld formuliert, als dem Ordensgründer selbst, der vergeblich das Martyrium angestrebt hat.[2]

Auf Verlangen von Papst Honorius III. (1216–1227) widmeten sich seit 1225 auch die Dominikaner der praktischen Missionsarbeit im nördlichen Afrika.

Freilich stellten sich die Bettelorden nicht nur für die Mission, sondern auch für die Kreuzzugspredigt zur Verfügung: „Die Christenheit wurde durch die Ereignisse immer wieder versucht, zum Schwert zu greifen. Der Sieg Alfons VIII. von Kastilien über die Mauren bei Las Navas de Tolosa 1212 reizte dazu, den Krieg auf afrikanischen Boden zu übertragen. Honorius III. gewährte dazu die gleichen Ablässe wie für die Kreuzzüge".[3]

Aber ebenso wie die Kreuzzüge sind auch alle Missionierungsbe-
mühungen unter Muslimen letztendlich gescheitert. Wegen der isla-
mischerseits verordneten Einschränkungen kam – insgesamt gesehen – die initiierte Missionierung nie über Ansätze hinaus, ja sie war
weitgehend auf die Seelsorge christlicher Händler, Soldaten und
Kriegsgefangener begrenzt. Weder die Päpste noch die christlichen
Stadtstaaten, die Handelsbeziehungen zum nordafrikanischen Raum
unterhielten, konnten bei den Sultanen kaum mehr als Kultfreiheit
für die Christen erreichen. Die Hoffnung auf muslimische Konversionen zum Christentum sollte sich als Traum herausstellen.

1. Franz von Assisi und seine Initiativen

Ende 1181 oder Anfang 1182 wurde Franz von Assisi in der um-
brischen Kleinstadt Assisi als Sohn eines reichen Tuchhändlers geboren, und zwar in einer Zeit, die durch den Kreuzzugsgedanken
geprägt war. Papst Innozenz III. (1198–1216) war zur führenden politischen Gestalt Europas geworden, „für eine knappe Weltstunde",
wie H. Wolter bemerkt.[4] Innozenz III. war es, der Franziskus nach
anfänglichem Zögern die mündliche Approbation seiner (ersten)
Regel und Lebensform erteilte, wohl im Frühjahr 1209. Innozenz III.
war es auch, der im November 1215 in Rom das IV. Laterankonzil
abhielt, die größte Kirchenversammlung des Mittelalters, die sich –
wie oben bereits gesagt – u. a. für einen erneuten Kreuzzug einsetzte,
um das Heilige Land zurückzuerobern. Obwohl der Ausgang des
vierten Kreuzzugs (1202–1204) eine Abkühlung der Kreuzzugseuphorie hätte nahelegen können, trat das Gegenteil ein: Da nun einmal der Präzedenzfall eines Kreuzzugs selbst gegen Christen vorlag,
brachen neue Aktivitäten innerhalb Europas auf: Das kriegerische
Vorgehen gegen die der dualistischen Lehre der Katharer naheste-
henden Albigenser – von Innozenz IV. als Kreuzzug deklariert –
sollte als regelrechter Völkermord zwanzig Jahre lang andauern
(1209–1229): Christen metzelten Christen nieder. Nicht nur die Al-
bigenserkreuzzüge, sondern auch eine ganze Reihe politisch moti-
vierter Kreuzzüge, die die Päpste im 13. Jahrhundert in Italien gegen
die staufische Herrscherfamilie führten, waren nichts anderes als
eine „Pervertierung der ursprünglichen Kreuzzugsidee".[5]
   In dieser von Krieg und Gewalt geprägten Umwelt ist Franz von
Assisi aufgewachsen.[6] Als Zwanzigjähriger zog auch er in den Krieg,
in den Städtekrieg zwischen Assisi und Perugia, geriet in Gefangen-

schaft (1202–1203) und wurde wohl von seinem begüterten Vater freigekauft. Eine schwere Erkrankung folgte. Doch auch diese hautnahe Erfahrung von Krieg, Gefangenschaft und Krankheit bewirkte noch nicht jene Wende hin zum Friedensprediger, der er später einmal werden sollte. Franziskus bricht noch einmal in einen Krieg auf, diesmal sollte es nach Süditalien gehen, um das Rittertum zu erlangen. Vermutlich steht sein Aufbruch im Zusammenhang mit dem von Papst Innozenz III. angezettelten Feldzug des Walter von Brienne nach Apulien, um in Süditalien die Machtverhältnisse für sich zu entscheiden.

Für Franziskus bahnte sich seit dieser Zeit u. a. – wie berichtet wird – aufgrund visionärer Ereignisse, auf die wir hier nicht eingehen können, eine Wende in seinem Leben an: „Von seinen früheren kriegerischen Ambitionen blieb nicht einmal ein Ansatz, auch nicht vom Kampf der Bürger um die Unabhängigkeit."[7] Ausgesprochen pazifistisch ist von nun an sein weitgespanntes religiös-politisches Engagement. Er wollte das Evangelium nicht nur Christen, sondern auch Nichtchristen verkünden: Letztere Initiativen sind für uns von besonderem Interesse, weil sie uns verraten, wie unbefangen Franz von Assisi insbesondere dem Islam gegenübertrat.

Dreimal soll er versucht haben, in das Land der „Ungläubigen", d. h. der Muslime, zu reisen, um ihnen die Botschaft des Evangeliums zu verkünden. Erstmals wollte er sich 1212 in den Orient aufmachen, kam aber nur bis Dalmatien, 1214 dann zog es ihn nach Marokko, wohin sich die in der Schlacht von Las Navas de Tolosa unterlegenen Almohaden größtenteils zurückgezogen hatten. Eine Krankheit soll ihn zur Rückkehr bewogen haben. Sein dritter Versuch, in ein islamisches Land zu kommen, gelang schließlich. 1219 kam er nach Ägypten und suchte dort das Lager der Kreuzfahrer auf, die damals die Festung Damiette besetzt hielten. Am 29. August 1219 konnte Sultan al-Kamil (1218–1238) einen größeren Erfolg gegen die christlichen Belagerer erringen und unterbreitete ihnen danach ein Friedensangebot. In dieser Situation entschloß sich Franz von Assisi, das Lager der Muslime aufzusuchen, um mit Sultan al-Kamil selbst zu sprechen. Tatsächlich gelang es ihm, zum Sultan persönlich vorzudringen, um ihm die Botschaft des Evangeliums näherzubringen. Der Sultan scheint „seinen Worten mit jener Nachsicht" zugehört zu haben, „die in dieser Periode der Verhandlungen angebracht war, aber die gewünschte Bekehrung zog al-Kamil nicht in Erwägung".[8] Nach der Eroberung von Damiette am 5. November 1219 durch die Kreuzfahrer soll Franz von Assisi, angewidert von ihrem dort angerichteten Gemetzel, ihrem Blutrausch und ihrer Raubgier, nach Syrien weitergereist sein. Sultan al-Kamil zog zwei Jahre später – am 8. September 1221– letztendlich als Sieger in Damiette ein.

Die von Franz von Assisi ergriffenen Initiativen, Frieden zu schaffen durch die Bekehrung der Muslime zum Christentum, waren vergeblich. Seine Erwartungen, entweder den Sultan zur Konversion zu bringen oder das Martyrium zu erleiden, blieben unerfüllt. Was blieb und was bleibt, ist die Frage nach der Möglichkeit jener naiven Einfältigkeit, die Franz von Assisi im Umgang mit dem Sultan an den Tag gelegt hat und die darüber hinaus sein Verhältnis zum Islam charakterisiert. Sie muß wohl als Ausdruck der ihm eigenen Exzentrizität, gepaart mit einem überstiegenen Sendungsbewußtsein, angesehen werden, Eigenschaften, die sein Verhalten auch sonst als ungewöhnlich, manchmal gar peinlich erscheinen ließen. Daß ihn der Sultan überhaupt empfangen hat, mag sich aus seiner prekären Situation erklären: Weil al-Kamil die ägyptischen Kernlande des aiyubidischen Reiches retten wollte, mußte er – mitbedingt durch das Ausbleiben der Nilüberschwemmung und die dadurch drohende Mißernte und Hungersnot – auf Verhandlungen setzen. Da war das Anhören eines für ihn unbekannten Franziskus von Assisi eine tagespolitische Episode, die in der Tristesse des Kriegsgeschehens für einige Tage Erheiterung im Lager der Muslime ausgelöst haben mag. Politisch blieb der Versuch ephemer.

2. Thomas von Aquin: „De rationibus fidei"

Mit dem programmatischen Satz aus dem ersten Petrusbrief: „Seid stets bereit zur Verantwortung jedem gegenüber, der von euch Rechenschaft fordert über das, was an Hoffnung und Glauben in euch ist!" (1 Petr 3,15) beginnt Thomas von Aquin seine Ausführungen in „De rationibus fidei".[9] Diese zu wenig beachtete Schrift des Thomas – abgefaßt nach Vollendung der „Summa contra Gentiles" – stellt eine Kurzfassung zentraler christlicher Glaubensaussagen primär in Auseinandersetzung mit dem Islam und unter besonderer Berücksichtigung folgender islamischer Glaubenslehren dar:

1. der koranischen Lehre von der ausschließlichen Einheit und Einzigkeit Gottes;
2. der koranischen Negierung der Gottessohnschaft Jesu und seines Kreuzestodes;

3. des Problems von Handlungsfreiheit einerseits und Determinismus andererseits.

Damit schneidet Thomas von Aquin die Thesen an, die ihm, wie er sagt, ein Cantor Antiochenus als Fragen mit der Bitte um Beantwortung vorgelegt habe. Ihm will Thomas in dessen Tätigkeit vor Ort Hilfestellungen bieten und Möglichkeiten der Argumentation gegenüber Muslimen an die Hand geben.

Unser Ziel ist es, 1. die von Thomas formulierten hermeneutischen Grundsätze in der Auseinandersetzung mit Muslimen a) vorzustellen und b) auf ihre Gültigkeit hin zu befragen; 2. die Tragfähigkeit der von Thomas skizzierten Argumentationsversuche im Gespräch mit Muslimen zu untersuchen; 3. den Stellenwert auszuloten, den Thomas von Aquin innerhalb der Geschichte der Auseinandersetzung zwischen Christen und Muslimen einnimmt.

Auf dem Hintergrund der von seinem Orden propagierten intellektuellen Auseinandersetzung mit dem Islam ist die Schrift „De rationibus fidei" von Thomas von Aquin zu sehen. Sie ist als Antwortschreiben auf eine Anfrage eines Cantor Antiochenus zwar zunächst eine Gelegenheitsschrift, bietet aber in ihren präzisen theologischen Aussagen eine prägnante Zusammenfassung zentraler christlicher Glaubensmysterien in Auseinandersetzung mit islamischen Glaubenspositionen. Unbekannt ist, wer der Cantor Antiochenus ist. Die Meinungen darüber gehen auseinander.

a) Zur Abfassungszeit der Schrift „De rationibus fidei"

Die Schrift „De rationibus fidei" steht inhaltlich der „Summa contra Gentiles" äußerst nahe, jener großen Gesamtdarstellung des christlichen Glaubens also, die in besonderer Weise um eine auch von Nichtchristen verstehbare Argumentation bemüht ist.[10] Diese inhaltliche Verwandtschaft, auf die wir gleich kommen werden, dürfte zumindest auch Anhaltspunkt für eine mögliche Datierung von „De rationibus fidei" bieten. Denn Thomas verweist in dieser kleinen Schrift wiederholt auf „Contra Gentiles".[11] Bei allen Diskussionsvorschägen, die bisher gemacht wurden, denen wir hier aber nicht weiter nachgehen können, bleibt festzuhalten, daß „De rationibus fidei" nach Fertigstellung von „Contra Gentiles" verfaßt worden ist.

b) Ihre Verwandtschaft
mit der „Summa contra Gentiles"

Inhaltlich kommt die Schrift „De rationibus fidei" der „Summa contra Gentiles" sehr nahe. Die gedankliche Verwandtschaft zwischen beiden Schriften ist offenkundig. Die „Summa contra Gentiles" verfaßte Thomas von Aquin wohl auf Veranlassung von Raimund von Peñafort, einer der führenden Persönlichkeiten des Dominikanerordens, die sich für eine Missionierung der Muslime in Spanien engagierten. Seiner Initiative ist es auch zu verdanken, daß das Studium der arabischen Sprache in Spanien eingeführt wurde. Allem Anschein nach war „Contra Gentiles" als Lehrbuch für die vom Dominikanerorden eingerichteten Kollegien zur Ausbildung künftiger Missionare gedacht.

Das Opusculum „De rationibus fidei" ist größtenteils eine Auseinandersetzung mit konkreten islamischen Glaubenspositionen. Wie schon angedeutet, verweist Thomas von Aquin darin selbst auf seine „Summa contra Gentiles" hin.

Zu Recht hat M. Grabmann betont, daß Thomas von Aquin gerade in seinen kleinen Abhandlungen „sein außerordentliches Talent in der scharfen, kurzen und klaren Prägung und Fassung großer philosophischer und theologischer Gedanken und Gedankenreihen" zeigt.[12] Das trifft auch auf das Opusculum „De rationibus fidei" zu. Auch diese Schrift, so M. Grabmann weiter, „bekundet das Bemühen und Können, die vorgelegten Fragepunkte in möglichst klarer, faßlicher und doch recht gründlicher Weise zu behandeln".[13] Gedanken, die in der „Summa contra Gentiles" eingehend und ausführlich dargelegt sind, faßte Thomas in „De rationibus fidei" kurz und präzise zusammen.

c) Methodologische Überlegungen

Wenn auch „De rationibus fidei" als Antwortschreiben auf die Fragen des Cantor Antiochenus zunächst einmal eine Gelegenheitsschrift ist, so ist dennoch ihr Inhalt nicht minder grundsätzlicher Natur, als es die in „Contra Gentiles" gemachten Ausführungen sind. Hier wie dort weiß sich Thomas fundamentalen missionstheoretischen Prinzipien in bezug auf die Auseinandersetzung mit Andersgläubigen verpflichtet.

Den Glauben ver-antworten

In „De rationibus fidei" beginnt Thomas von Aquin seine Darle-
gungen mit dem programmatischen Satz: „Seid stets bereit zur Verantwortung jedem gegenüber, der von euch Rechenschaft fordert
über das, was an Hoffnung und Glauben in euch ist!" (1 Petr 3,15).
Diese Stelle aus dem ersten Petrusbrief gilt bis heute als Magna
Charta der Fundamentaltheologie oder Apologetik. Das damit ge-
kennzeichnete Anliegen der Verantwortung des Glaubens ist so alt
wie die christliche Theologie als solche. Diese geforderte Verantwortungsbereitschaft jedem gegenüber, der nach dem Grund des Glaubens fragt, ist ein bleibender Grundzug christlicher Theologie überhaupt. Die Adressaten der Glaubensverantwortung freilich ändern
sich: Zunächst war der Adressat die heidnische Umwelt des Römischen Imperiums, geistig repräsentiert in der hellenistischen Philosophie und politischen Metaphysik Roms. Im Mittelalter war es dann
vor allem der Islam, der – geopolitisch betrachtet – von einem seinerzeit toten Winkel der Erde aus einen gewaltigen Siegeszug angetreten hatte aufgrund der von der Kraft ihres Glaubens mobilisierten
muslimischen Araber in Verbindung mit handfesten wirtschaftlichen
Interessen, die im Laufe der Zeit zunahmen, und der wegen seiner
wachsenden religiös-politischen Macht christlicherseits als Bedrohung empfunden wurde. Aus dieser geistigen, religiösen und gesell-
schaftspolitischen Konstellation heraus waren die Fragen des Cantor
Antiochenus erwachsen, mit denen er sich an Thomas von Aquin mit
der Bitte um Beantwortung wandte. In dieser Situation erinnert Thomas zunächst an jenes Prinzip christlicher Theologie, das jeden Christen betrifft, bereit zu sein, seinen Glauben gegenüber den Objektionen, Schwierigkeiten und Problemen der konkreten gesellschaft-
lich-geschichtlichen Situation zu verantworten.

Die Rationabilität des Glaubens aufzeigen

Diese Verantwortungsbereitschaft, so Thomas im 2. Kapitel, kann
nicht darauf abzielen, den christlichen Glauben zu beweisen (7,14–
19[14]). Deswegen schärft er dem Cantor Antiochenus als erstes ein,
den Glauben nicht *rationibus necessariis* beweisen zu wollen. Denn
nicht die Rationalität des im Glauben Vorgegebenen, sondern dessen Rationabilität gelte es aufzuzeigen: „Zuerst will ich dich doch
daran erinnern, daß du in Disputationen gegen Ungläubige über
Glaubensartikel nicht darauf aus sein darfst, den Glauben durch
zwingende Gründe zu beweisen; dies würde nämlich der Erhaben-
heit des Glaubens Abbruch tun, dessen Wahrheit nicht nur den

menschlichen Geist, sondern sogar den der Engel überschreitet; wir halten ›die Glaubensinhalte‹ vielmehr für gleichsam von Gott selbst geoffenbart. Weil aber das, was aus der höchsten Wahrheit hervorgeht, nicht falsch sein kann, und nichts mit zwingenden Gründen widerlegt werden kann, was nicht falsch ist, so kann unser Glaube, ebenso wie er nicht mit zwingenden Gründen bewiesen werden kann, weil er den menschlichen Geist überschreitet, wegen seiner Wahrheit auch nicht mit zwingenden Gründen widerlegt werden" (7,1–13). In prägnanter Form faßt Thomas von Aquin hier die Grundsätze seiner theologischen Methode im Dialog mit Nichtchristen zusammen. Weil der von Gott geoffenbarte Inhalt des Glaubens, so seine Argumentation, keinesfalls falsch sein kann – Gott selbst ist ja sein Garant –, kann diese göttlich verbürgte Wahrhheit auch nicht in einem unlösbaren Widerspruch zur Vernunftwahrheit stehen. Denn das, was nicht falsch ist, weil es nicht falsch sein kann, kann auch nicht durch zwingende Vernunftgründe als falsch erwiesen werden. Folglich kann der von Gott garantierte Glaube, da er menschliche Erkenntnis übersteigt, weder *rationibus necessariis* bewiesen noch durch solche widerlegt werden. Deswegen kann das Bemühen des christlichen Apologeten nicht darauf aus sein, diesen Glauben zu beweisen, sondern zu verteidigen (vgl. 7,14–16). Das fordere bereits der 1. Petrusbrief: „... daher sagt der hl. Petrus auch nicht 'seid stets bereit, um zu beweisen', sondern 'um Rede und Antwort zu stehen', damit so gezeigt werde, daß das Zeugnis des Glaubens nicht falsch sei" (7,16–18).

In diesem missionstheoretischen Ansatz bei Thomas von Aquin wird die kritisch-negative Funktion seiner theologischen Methode ersichtlich, die erkennen läßt, daß jede Theologie vor einer letzten unüberschreitbaren Grenze steht, die weder rationalistisch einholbar ist noch rationalistisch eingeebnet werden kann. Um so mehr ist gefordert, was allenfalls und letzten Endes möglich ist: der Versuch, die Rationabilität des Glaubens aufzuzeigen.

Nach einer gemeinsamen Ausgangsbasis suchen

In seinen methodologischen Überlegungen für eine Auseinandersetzung mit Andersgläubigen nennt Thomas von Aquin dem Cantor Antiochenus ein weiteres missionstheoretisches Prinzip. Dieser hatte – mit den Schwierigkeiten des christlich-muslimischen Gesprächs offensichtlich wohl vertraut – in seiner Anfrage von sich aus um „moralische und philosophische Gründe, die die Sarazenen akzeptieren" gebeten (6,1 f.); „zwecklos schiene es nämlich" antwortet Thomas,

„Autoritäten gegen die anzuführen, die Autoritäten nicht anerkennen" (6,2 f.). So selbstverständlich dieser Hinweis klingen mag, er ist es ganz und gar nicht. Immer wieder ist nämlich in der Geschichte der Auseinandersetzung zwischen Christentum und Islam versucht worden, den Koran biblisch und die Bibel koranisch zu interpretieren. Dieser Weg führt allerdings in eine Sackgasse. Deswegen ist die Suche nach einer gemeinsamen Ausgangsposition, die von beiden Seiten akzeptiert wird, von äußerster Wichtigkeit. Thomas von Aquin hat dieses hermeneutische Problem bereits in seiner „Summa contra Gentiles" thematisiert. Es sei schwierig, so schreibt er, andersgläubigen Auffassungen zu begegnen, und das aus zwei Gründen: Sie liegen nach ihm zum einen in seiner unzureichenden Kenntnis des anderen und dessen Position und zum anderen in der Nichtanerkennung der Bibel als authentischem Wort Gottes durch Muslime und Ungläubige. Da also die biblischen Schriften in der Auseinandersetzung mit ihnen nicht als Grundlage und gemeinsames Fundament vorausgesetzt werden können, bleibt nur die natürliche Vernunft als gemeinsame Basis. Wiederum scheint hier bei Thomas von Aquin die kritisch-negative Funktion seiner theologischen Methode durch. Wie wichtig gerade sie ihm in der Auseinandersetzung mit Andersgläubigen war, erhellt auch aus anderen Schriften des Aquinaten.

In diesem Sinne hat Thomas von Aquin in „De rationibus fidei" versucht, den vom Cantor Antiochenus vorgebrachten muslimischen Objektionen zu begegnen, und sich dementsprechend in seiner Darlegung christlicher Glaubensinhalte auf eine – wie er vermutete – auch von Muslimen nachvollziehbare Gedankenführung unter weitgehendem Verzicht auf biblische Zeugnisse beschränkt.

d) Die Antwort auf muslimische Objektionen

Die von Thomas in „De rationibus fidei" angeführten muslimischen Objektionen beruhen auf der Mitteilung des Cantor Antiochenus, wie Thomas ausdrücklich betont. Dieser Hinweis ist bemerkenswert, zeigt er doch, daß Thomas nicht zu den großen Kennern des Islams gehört. Zwar gibt es Versuche, Thomas von Aquin umfangreiche Kenntnisse bezüglich des Islams zuzuschreiben, besonders was die Verwertung des Corpus Toletanum angeht, doch sind das bis dato vage Vermutungen. Thomas selbst bekennt sich offen zu seiner unzureichenden Kenntnis, und es gibt keinen Grund anzunehmen, daß er je den Koran gelesen hat, obwohl doch lateinische Übersetzungen

vorlagen. Die erste lateinische Koranübersetzung geht bekanntlich
auf die Initiative von Petrus Venerabilis zurück. Was sich bei Thomas
über Muhammad und seine Lehre findet, sind die damals in intellektuellen Kreisen des Westens allenthalben bekannten Überlieferungen. Wie „De rationibus fidei" ausweist, gehen die Islamkenntnisse von Thomas über ein rudimentäres Wissen nicht hinaus.

Der eine Gott in drei Personen
„Die Sarazenen spotten nämlich darüber, wie du sagst, daß wir
Christus als Sohn Gottes bezeichnen, wo doch Gott keine Frau habe;
und sie betrachten uns als verrückt, weil wir uns zu drei Personen in
Gott bekennen; denn sie glauben, daß wir uns dadurch zu drei Göt-
tern bekennen" (3,2–5). Was Thomas hier als Aussage des Cantor
Antiochenus repetiert, gibt authentisch die muslimische Position
wieder. In der Tat weist der Koran unmißverständlich die christliche
Lehre von der Trinität zurück: „So glaubt an Gott und seine Gesand-
ten. Und sagt nicht: Drei. Hört auf, das ist besser für euch. Gott ist
doch ein einziger Gott. Preis sei Ihm und erhaben ist er darüber, daß
Er ein Kind habe. Er hat, was in den Himmeln und auf der Erde ist.
Und Gott genügt als Sachwalter" (Koran 4,171). Allerdings gibt der
Koran die christliche Trinitätsauffassung nicht korrekt wieder. Er
scheint den christlichen Dreifaltigkeitsglauben als Tritheismus miß-
verstanden zu haben und sich eine Trias aus Gott (Vater), Maria
(Mutter) und Jesus (Kind) vorzustellen, wie aus der Frage in Sure
5,116 hervorgeht: „Und als Gott sprach: ‚O Jesus, Sohn Marias, warst
du es, der zu den Menschen sagte: ‚Nehmt euch neben Gott mich
und meine Mutter zu Göttern'?' …" Von diesem Mißverständnis
abgesehen, polemisiert der Koran gegen die Christen, die sich zur
Dreifaltigkeit Gottes bekennen, und verbindet seine Zurückweisung
der Trinitätslehre mit der Androhung der göttlichen Strafe: „Ungläu-
big sind diejenigen, die sagen: ‚Gott ist der Dritte von dreien', wo es
doch keinen Gott gibt außer einem einzigen Gott. Wenn sie mit dem,
was sie sagen, nicht aufhören, so wird diejenigen von ihnen, die un-
gläubig sind, eine schmerzhafte Pein treffen" (Koran 5,73). Mit der
immer wiederholten Betonung der Einzigkeit Gottes geht der Koran
zwar in erster Linie gegen den altarabischen Polytheismus vor, trifft
aber damit ebenso auch den Kern des christlichen Gottesbegriffes:
„(Er ist) der Schöpfer von Himmel und Erde. Wie sollte er zu Kindern kommen, wo er doch keine Gefährtin hatte (die sie ihm hätte
zur Welt bringen können) und (von sich aus) alles geschaffen hat
(was in der Welt ist)? Er weiß über alles Bescheid" (Koran 6,101).

Thomas von Aquin weist die koranische Verzerrung des christlichen Trinitätsglaubens zurück und führt im dritten Kapitel aus: „Wie in der Theologie die Zeugung zu verstehen ist" (*Qualiter in divinis generatio sit accipienda*, [8,1]). Im Anschluß daran erläutert er den christlichen Standpunkt, indem er die Geistigkeit des Hervorgangs des Sohnes aus dem Vater *per modum intellectus* (vgl. 8,1–16,16) und des Hervorgangs des Heiligen Geistes aus dem Vater und dem Sohn *per modum amoris* (vgl. 17,1–24,16) darlegt, um zu zeigen, wie drei durch innertrinitarische Relationen real verschiedene Hypostasen oder Personen in einer einzigen göttlichen Wesenheit denkbar sind (vgl. 43,1–48,15). Die hier von Thomas in aller Kürze vorgetragenen Gedankengänge geben die von ihm aus anderen Werken und dort ausführlicher explizierten Argumentationen gerafft wieder.

Der Kreuzestod Jesu und seine Deutung: Im Kreuz ist Heil und Erlösung

Einen weiteren Schwerpunkt in der theologischen Auseinandersetzung mit islamischen Positionen bildet in „De rationibus fidei" die christliche Deutung des Kreuzestodes Jesu.

„Sie spotten auch darüber, daß wir behaupten, Christus, der Sohn Gottes, sei zur Erlösung des Menschengeschlechts gekreuzigt worden, weil, wenn Gott allmächtig sei, er das Menschengeschlecht ohne das Leiden seines Sohnes hätte erlösen können; er hätte den Menschen auch gleich so erschaffen können, daß er nicht sündigen könne" (3,6–10). Was den Kreuzestod Jesu betrifft, ist die Aussage des Korans eindeutig. Gegen die Juden, die nach Sure 4,157 beteuern: „Wir haben Christus Jesu, den Sohn Marias, den Gesandten Gottes, getötet", wird behauptet: „Sie haben ihn nicht getötet, und sie haben ihn nicht gekreuzigt, sondern es erschien ihnen eine ihm ähnliche Gestalt. Diejenigen, die über ihn uneins sind, sind im Zweifel über ihn. Sie haben kein Wissen über ihn, außer daß sie Vermutungen folgen. Und sie haben ihn nicht mit Gewißheit getötet, sondern Gott hat ihn zu sich erhoben. Gott ist mächtig und weise" (Koran 4,157). Danach gelang es den Juden nicht, Jesus zu kreuzigen. Gott hat ihn errettet, er allein verfügt über Leben und Tod. Ein schmachvoller Tod eines Gesandten würde gegen die Ehre Gottes sein, so die Auffassung des Korans (vgl. Koran 29,34).

Zweifellos stellt die Leugnung der Kreuzigung Jesu die christliche Soteriologie in Frage. Deswegen versucht Thomas von Aquin, der Bitte des Cantor Antiochenus zu entsprechen und die christliche Lehre vom Kreuzes- und Erlösungstod Jesu zu rechtfertigen. Die

Muslime, so seine Meinung, verstehen die Tiefe dieses Geheimnisses nicht. Deshalb ist es nach ihm nötig, weiter auszuholen und sich vorab über den Sinn der Inkarnation klar zu werden.

Seine Grundgedanken sind folgende:

1. In Ermangelung der ursprünglichen Gerechtigkeit war der gefallene Mensch von sich aus unfähig, der göttlichen Gerechtigkeit genugzutun. Er bedurfte der gnadenhaften Erneuerung durch Gott: „Daher kommt es Gott zu, besonders die Unzulänglichkeit der Sünde, die nichts anderes ist als die Verkehrtheit des Willens, zu beseitigen, und zwar durch sein Wort, durch das er alle Kreatur geschaffen hat" (28,16–19).

2. Wozu der Mensch von sich aus nicht in der Lage gewesen wäre, nämlich sich selbst zu erlösen, das verdankt er Gott, der aufgrund seiner Liebe zu den Menschen in seinem Selbstengagement in der Person des Sohnes die menschliche Natur restituierte und allen Menschen wieder den Weg zum Heil eröffnete (vgl. 29).

3. Dadurch, daß Gott Mensch geworden ist, hat er den Menschen jene Hoffnung auf ewige und vollkommene Glückseligkeit gegeben, die allein Gott von Natur aus besitzt (vgl. 33).

Die Bedingung der Erfüllung menschlicher Heilshoffnung ist nach Thomas von Aquin die Inkarnation Gottes. Deswegen ist es ihm wichtig, im folgenden die *unio hypostatica* in Jesus Christus zu erläutern und den Leser mittels der Analogie der Einheit von Seele und Leib im Menschen an das Mysterium der hypostatischen Vereinigung von Logos und menschlicher Natur in Jesus Christus heranzuführen (vgl. 35,1–48,15).

Unter Voraussetzung dieser spekulativen Christologie geht Thomas von Aquin dann im 7. Kapitel von „De rationibus fidei" (49,1–63,11) auf die muslimischerseits gegen den Kreuzestod Jesu und seine Deutung als Erlösungstod erhobenen oder genannten Einwände ein. Er will damit zum richtigen Verständnis dessen beitragen, was der christliche Glaube meint, wenn er den Kreuzestod Jesu Christi als Erlösungstod bekennt.

Von der Willensfreiheit des Menschen

Ein weiteres Problem in der Kontroverse mit Muslimen zentriert sich für den Cantor Antiochenus um die Frage nach der Willensfreiheit des Menschen beziehungsweise seine Vorherbestimmung durch Gott. Auch in diesem Punkt erbittet er ein klärendes Wort. Thomas gibt die Anfrage so wieder: „Du berichtest ferner, daß bezüglich des Lohnes, der vom freien Willen abhängt, die Sarazenen wie auch andere Völker den menschlichen Handlungen wegen des göttlichen Vorherwissens und der göttlichen Ordnung Zwang auferlegen, indem sie behaupten, der Mensch könne nicht sterben und auch nicht sündigen, wenn nicht Gott es für den Menschen gleichsam angeordnet habe: jede Person habe ihr Schicksal auf die Stirn geschrieben" (5,1–6).

In seiner Antwort weist Thomas eingangs darauf hin, daß es sich hier um eine sehr heikle Fragestellung handle, die vorsichtig angegangen und sorgfältig bedacht werden müsse, um nicht dem Irrtum anheimzufallen (89,5 ff.): „Falsch ist es nämlich zu sagen, daß die menschlichen Handlungen und Entscheidungen nicht dem göttlichen Vorherwissen und der göttlichen Ordnung unterliegen; nicht weniger falsch ist es aber auch zu sagen, daß aus dem göttlichen Vorherwissen und der göttlichen Ordnung den menschlichen Handlungen Zwang aufgenötigt wird" (89,9–12).

Um diese Schwierigkeit des Problems weiß auch die islamische Theologie. Muhammad selbst scheint in der Beantwortung der Frage, ob der Mensch in seinem Handeln frei oder vorherbestimmt sei, unschlüssig gewesen zu sein, so jedenfalls der koranische Befund. Eine Reihe von Koranversen spricht von der Prädestination,[15] in anderen Suren hingegen ist von der Willensfreiheit des Menschen die Rede.[16] Auch die islamischen Theologen sind sich in ihrer Meinung nicht einig. Auch ihre Interpretation bewegt sich zwischen dem Determinismus einerseits und der Lehre von der menschlichen Entscheidungsfreiheit andererseits.

So lehrte z. B. die sogenannte Schule der Djabriten (*djabr* = Zwang) aus der Frühzeit des Islams einen strikten Determinismus. Sie führte alle menschlichen Handlungen – gute wie böse – unmittelbar auf Gott selbst zurück. Der Mensch sei nichts anderes als ein Werkzeug in der Hand des allmächtigen Schöpfergottes, der ausführe, was er wolle.

Gegen diese deterministische Position wandte sich im 9. Jahrhundert die Schule der Mu'taziliten. Sie behauptete die Willensfreiheit des Menschen. Sie stehe nicht, so die Argumentation, im Widerspruch zur göttlichen Allmacht. Ferner sei zu bedenken, daß Gebote und Verbote erst dann einen Sinn erhielten, wenn der Mensch sich eigenverantwortlich für oder gegen sie entscheiden könne, um schließlich für sein Tun zur Rechenschaft gezogen zu werden.

Als Reaktion auf die Position der Mu'taziliten kristallisierte sich im 10. Jahrhundert mit der Schule der Ash'ariten ein weiterer Interpretationsversuch heraus. Danach hat Gott in seiner Vorsehung von

Ewigkeit her das Tun des Menschen vorherbestimmt; das in Zeit und Geschichte konkrete Zustandekommen der Taten vollzieht sich dann so: Verursacher und Vollbringer der Taten ist Gott, aber der einzelne Mensch gibt in der konkreten Situation seine Zustimmung dazu, eignet sie sich an (*kash* oder *iktisab:* vgl. Koran 2,281; 52,21), so wird gesagt, und ist deshalb dafür auch verantwortlich.

Damit versucht die Schule der Ash'ariten einen gewissen Ausgleich zwischen der Position der Djabriten einerseits und der Mu'taziliten andererseits herzustellen. Daß damit keine befriedigende Lösung erzielt worden war, zeigten die zahlreichen Einwände, die gegen die Schule der Ash'ariten vorgebracht wurden, auf die wir hier nicht näher eingehen können.[17]

Thomas seinerseits schlägt dem Cantor Antiochenus folgende Problemlösung vor:
1. Weil im Unterschied zur zeitgebundenen menschlichen Erkenntnis die Erkenntnis Gottes nicht zeitlich, sondern ewig ist – sie kennt weder Vergangenheit noch Zukunft, sondern nur Gegenwart –, sieht Gott alles das, was sich für menschliche Wahrnehmung im zeitlichen Nacheinander vollzieht, als gegenwärtig, ohne dadurch den kontingenten Dingen eine Notwendigkeit zu verleihen (vgl. 90,2–7).
2. Auch wenn die göttliche Weisheit vorausschauend den Ablauf der Dinge ordnet, haftet diesem Ablauf dennoch keine Notwendigkeit an, da die den einzelnen Dingen innewohnende Potentialität gemäß ihrer je eigenen Natur *actu* in Erscheinung tritt (97,1–11).
3. Ergo: Auch die menschlichen Handlungen unterliegen nicht der Notwendigkeit, sondern gehen aus der eigenen Willensfreiheit des Menschen hervor, gehört es doch zur Natur des Menschen als eines vernunftbegabten Wesens, sich sowohl so als auch anders entscheiden zu können (vgl. 97,11–15). Diese in aller Kürze vorgetragenen Gedanken hat Thomas anderweitig ausführlicher dargestellt.[18]

e) Zur Wirkungsgeschichte von „De rationibus fidei"

Beachtung gefunden hat die Schrift „De rationibus fidei" schon sehr früh. Davon zeugen die zahlreichen Manuskripte, die es von ihr gibt und die H.-F. Dondaine in seiner Einleitung zur kritischen Edition des Opusculum, soweit sie ihm erreichbar waren, zusammenge-

stellt hat, ebenso auch die frühen Drucke.[19] Im 14. Jahrhundert hat
Demetrios Kydones, der Übersetzer der beiden Hauptwerke von
Thomas, der „Summa theologiae" und der „Summa contra Gentiles", auch „De rationibus fidei" ins Griechische übertragen. Damit
stand das Opusculum auch dem griechischen Sprachraum zur Verfügung.

Die besondere Wertschätzung von „De rationibus fidei" liegt in
ihrer Eigenart als einer knappen inhaltlichen Zusammenfassung
oder auch Präzisierung gewisser Kapitel der „Summa contra Gentiles" begründet. Als solches hat sie, zumeist in Verbindung mit ihr,
rasch ein reges Interesse gefunden. Freilich stand sie dabei immer
im Schatten des unvergleichlich größeren Werkes.

Obwohl sich das Opusculum in seinem weitaus größten Teil als eine
Apologie christlicher Glaubensinhalte gegenüber Muslimen präsen-
tiert, ist es unter dieser Rücksicht bislang in der Forschung zu wenig
beachtet und seine diesbezügliche Bedeutung nicht näher untersucht
worden.

f) Kritische Würdigung der Schrift

Die Schrift „De rationibus fidei" bietet nicht nur eine knappe
Exposition des christlichen Glaubens im Hinblick auf Muslime, sondern enthält zugleich für die Auseinandersetzung mit Andersgläubigen generelle missionstheoretische Grundsätze und Prinzipien, die
sich teils direkt aus dem von Thomas angestellten methodologischen
Überlegungen, teils indirekt aus der Art und Weise seiner Argumentation ergeben.

Seine prinzipielle missionstheoretische Forderung, strikt argumentativ vorzugehen, begründet er mit dem Verweis auf 1 Petr 3,15 bi-
beltheologisch. Die dort verlangte uneingeschränkte Bereitschaft,
jedem Rede und Antwort zu stehen, der nach dem Grund des
Glaubens fragt, deutet er missionstheologisch aus, indem er diese
Verantwortungsbereitschaft als stimulierendes Moment und innere
Motivation auch auf die Auseinandersetzung mit Andersgläubigen
überträgt.

Dem Charakter der Schrift entsprechend, steht in „De rationibus
fidei" die Apologie des christlichen Glaubens im Mittelpunkt. Jede
polemische Nuance ist ihr fremd. Dadurch hebt sie sich entscheidend
aus der nahezu unüberschaubaren Fülle von Auseinandersetzungen
mit dem Islam sowohl byzantinischer wie lateinischer Provenienz ab,
die uns aus dem Mittelalter und darüber hinaus überliefert sind.

Nüchtern und sachbezogen tritt Thomas den ihm von Cantor Antiochenus vorgelegten muslimischen Objektionen gegen den christlichen Glauben entgegen. Auch in dem gelegentlichen Hinweis auf die
irrisio seitens der Muslime schwingt kein polemischer Unterton mit.
Denn zum einen referiert Thomas, wenn er diese Formulierung
wählt, jeweils muslimische Positionen, wie sie ihm der Cantor Antiochenus in seinen Fragen vorgegeben hatte. Zum anderen steht dieser
Hinweis, der auch anderweitig bei Thomas vorkommt, ganz im
Dienst der Apologie des christlichen Glaubens. Dieser Glaube, so
Thomas, soll und muß so vor der Vernunft begründet und verant-
wortet werden, daß er Andersgläubigen nicht den geringsten Anlaß
zum Gespött bieten kann. Von diesem apologetischen Interesse hat
er sich leiten lassen.

Was die neutestamentlich geforderte Apologie des Glaubens betrifft, läßt Thomas keinen Zweifel daran, daß sie in Adaptionen an
den jeweiligen Gesprächspartner erfolgen, d. h. den je eigenen Ver-
stehenshorizont der Adressaten berücksichtigen muß – ein für die
Missionstheologie unverzichtbares, in der Missionspraxis allerdings
über weite Strecken hinweg vernachlässigtes hermeneutisches Prinzip.

Anders als Generationen vor und nach ihm sieht Thomas von
Aquin die Muslime nicht als (christliche) Häretiker oder Apostaten
an, sondern bezeichnet sie als *infideles* („Ungläubige"). Daraus fol-
gern zu wollen, „daß der Islam nur als Heidentum, also als eine
eigene, dem Christentum gegenüberstehende Religion erkannt
wird"[20], scheint zu weit gegriffen. Denn wie aus seinen methodologischen Überlegungen und dem Gesamtduktus seiner Argumentation hervorgeht, will Thomas mit dieser Charakterisierung der Muslime zum Ausdruck bringen, daß die von ihnen vertretenen Glaubensüberzeugungen für ihn weder aus der biblischen Tradition
ableitbar noch irgendwie in innerer Affinität zu ihr stehen. Damit
verkennt Thomas allerdings die vielfältigen Gemeinsamkeiten, Ab-
hängigkeiten und Interdependenzen zwischen der biblischen und
der koranischen Theologie, um die andere Autoren des Mittelalters
sehr wohl wußten und die ihnen als hermeneutische Anknüpfungspunkte dienten, sich auf die Kontroverse mit dem Islam einzulassen.
Die von Thomas vertretene strikt-rationale Argumentation als allei-
nige Disputationsgrundlage für die Auseinandersetzung zwischen
Christen und Muslimen reduziert das weite Feld dieser Auseinandersetzung unnötigerweise auf die erkenntnistheoretische Problematik,
ohne die breite Palette vorhandener theologischer Kongruenzen

miteinzubeziehen. Hier vor allem offenbart sich die Schwäche des von Thomas eingeschlagenen Weges. Seine Apologie des christlichen Glaubens kommt aus dem Fahrwasser christlicher Denkmuster nicht hinaus. Auch hier zeigt sich, daß fast alles, was Thomas geschrieben hat, „direkter oder indirekter Ausfluß seiner berufsmäßigen Lehrtätigkeit"[21], also Schultheologie ist. Von dieser Warte aus entwickelte und konzipierte er auch jene assertorische Apologie des Glaubens, von der er die Zustimmung der Muslime erhoffte.

Seine Frage nach einer gemeinsamen Ausgangsbasis zwischen Christen und Muslimen versteht sich aus der geistigen Situation des damaligen Paris, wo Thomas gelehrt hatte. Dort auf der Bühne des Geisteskampfes des Mittelalters war er ja neben seiner Lehrtätigkeit auch in Auseinandersetzungen mit der nichtchristlichen arabisch-islamischen Philosophie und deren Aristotelesinterpretation verwickelt. Mußte die Zeit vor Thomas die Berechtigung der *ratio* unter Beweis stellen, ist es bezeichnend für ihn, daß er sowohl in der Einleitung zur „Summa contra Gentiles" als auch zur „Summa theologiae" den Nachweis für notwendig hielt, daß es neben dem natürlichen Licht der Vernunft auch noch das übernatürliche Licht der Offenbarung gebe. Diese hatte für ihn im Wort der Bibel ihren endgültigen Niederschlag gefunden. Vom Selbstverständnis des Islams als definitiv-gültiger und abschließender Offenbarungsreligion ist bei Thomas keine Rede. Für ihn steht in Übereinstimmung mit der früheren antiislamischen Polemik und Apologetik fest, daß Muhammad, der Stifter des Islams, Belege für die Wahrheit seiner Botschaft nicht erbracht habe, es seien denn solche, die jeder mittelmäßig Begabte leicht entkräften könne (vgl. S. c. Gent. I, c. 6). Mit dieser Einschätzung wird Thomas von Aquin in keiner Weise dem Selbstverständnis und Anspruch des Islams gerecht, der für sich reklamiert, als letzt-verbindliche Offenbarung Gottes die einzig wahre Religion zu sein (Koran 3,19). Wie für Thomas ist auch für den Islam die Wahrheit unteilbar, eine doppelte Wahrheit kann es nicht geben. Wo aber diese Wahrheit zu finden ist, ob im Wort der Bibel oder im Wort des Korans, da gehen die Meinungen auseinander. In dieser entscheidenden Frage läßt Thomas von Aquin die islamische Position außer acht und beschränkt sich in seiner Argumentation auf die Verteidigung des christlichen Standpunktes. Er monologisiert. Von der Strömung seiner eigenen Theologie mitgerissen, kommt er nicht an das Ufer, das er eigentlich erreichen will. Die intendierte Übersetzung des christlichen Glaubens für Muslime will so nicht gelingen. Seine Apologie ist eine *apologia ad intra*, nicht eine *apologia ad extra*.

3. Ricoldus de Monte Crucis: Wider den Koran

Während Thomas von Aquin versucht hat, grundsätzliche missionstheoretische Anregungen und philosophisch-theologische Argumentationshilfen für seine unter Muslimen lebenden Ordensbrüder zu geben, haben wir in Ricoldus de Monte Crucis O. P. einen Mann vor uns, der aufgrund seiner Orientaufenthalte und seiner dortigen Tätigkeiten sozusagen auf eigene Faust die arabische Sprache erlernt und sich ebenfalls autodidaktisch entsprechende Islamkenntnisse erarbeitet hat. Die im Orient gemachten Erfahrungen – freudige wie leidvolle –, sein Umgang mit Muslimen, sein Leben mit und unter ihnen, haben diesen Mann geprägt. All das ist eingeflossen in seine Werke, die er uns hinterlassen hat. Er, der aus Florenz stammte, hatte nicht die von seinem Orden in Europa eingerichteten Schulen für orientalische Sprachen besucht; was er mitbrachte, waren seine im Orient gemachten Erfahrungen, die in seinen Werken zum Sprechen kommen. Das schließt freilich nicht aus, daß auch er aus Quellen schöpfte, die der abendländischen, weitgehend antiislamischen Tradition entstammen.

Anders als im *Orient* stellte sich die Situation in *Spanien* dar, wie dort lebende Dominikaner bezeugen. Einer von ihnen war Raimund von Peñafort O. P., auf den wir zunächst kurz eingehen wollen (Exkurs 1), um so die unterschiedliche Ausrichtung der „Missionstradition" der Dominikaner zu charakterisieren. Es folgt Wilhelm von Tripolis (Exkurs 2) und Raimund Marti (Exkurs 3), bevor wir dann auf Ricoldus de Monte Crucis zurückkommen.

Exkurs 1: Raimund von Peñafort OP (1175/80–1275)

Der katalonische Kirchenrechtsgelehrte Raimund von Peñafort war eine der führenden Persönlichkeiten seines Ordens – von 1238–1240 war er Ordensgeneral –, die sich für die *Missionierung* von Juden und Muslimen in Spanien einsetzten. Zusammen mit Petrus Nolaskus (gest. 1256) stiftete er im Jahre 1222 in Barcelona den Orden der Mercedarier oder Nolasker, dessen Ziel es war, christliche Sklaven aus muslimischer Gefangenschaft zu befreien. Auch der Erlaß des aragonischen Königs vom 12. März 1242, der etwa drei Jahre später am 12. August 1245 die Zustimmung von Innozenz IV. gefunden hat, dürfte auf Raimunds Anregung zurückgehen: in ihm werden Juden und Muslime zur Teilnahme an offiziellen Bekehrungspredigten verpflichtet. Über Sinn und Zweck derartiger Bekehrungsabsichten informiert eine Erklärung, die Raimund von Peñafort wohl auf Bitten seines Ordensgenerals Johannes Teutonicus abgegeben hat. Um die Notwendigkeit dieser Aufgabe zu unterstreichen, weist Raimund u. a. auf die im Dienst muslimischer Fürsten stehenden christlichen Söldner und Sklaven hin; auch die Möglichkeit, christliche Apostaten zurückzugewinnen, zieht er in Erwägung; und schließlich erinnert er an gewisse Missionserfolge unter Muslimen. Nicht nur der letzte Punkt gibt zu denken, sondern schon die Tatsache, daß die Möglichkeit einer Kommunikation mit Muslimen kaum in Betracht gezogen wird, geschweige denn, daß von einer Beschäftigung und Auseinandersetzung mit dem islamischen Glauben die Rede ist. „It is obvious", schreibt N. Daniel, „how low in this list came communication of any sort with Muslims, and, even so, how small was the hope of their conversion, which might really expected only where Christian arms are successful."[22] Die Bedeutung Raimunds liegt vor allem in den von ihm initiierten Sprachschulen.

Wohl auf Veranlassung von Raimund von Peñafort verfaßte Thomas von Aquin in den Jahren 1261/64 seine „Summa contra Gentiles".

Exkurs 2: Wilhelm von Tripolis, ein Diplomat im Dienste der Kreuzfahrerstaaten

Unter dem Namen des im 13. Jahrhundert im Konvent von Akkon im Königreich Jerusalem lebenden Dominikaners Wilhelm von Tripolis sind zwei lateinische Werke überliefert: Die „Notitia de Machometo" und „De statu Sarracenorum".[23] Die in der bisherigen Missionsliteratur vorherrschende Meinung, Wilhelm von Tripolis habe sich als Missionar unter Muslimen einen Namen gemacht, hat P. Engels in detaillierter Kleinarbeit entkräftet.[24] Es gilt, was wir oben bereits gesagt haben: Christliche Missionsarbeit unter Muslimen hat sich, von Ausnahmen abgesehen, letztlich als ineffizient erwiesen.[25] Deswegen ist B. Z. Vedar zuzustimmen, der schreibt, daß „missionizing in Muslim countries was much more conductive to filling heaven with Christian martyrs than the earth with Muslim converts".[26]

Ausgangspunkt für die bisherige Einschätzung, wonach Wilhelm von Tripolis ein namhafter und erfolgreicher Missionar unter Muslimen gewesen sei, ist die im letzten Kapitel von „De statu Sarracenorum" vertretene Ansicht, daß „aufgrund der einfachen Predigt

über Gott, ohne gelehrte Diskussionen oder Waffengewalt" die Muslime „wie einfache Schafe" die Taufe anstrebten und in die „Herde
Gottes" einträten: „Dies sagte und schrieb einer, der im Namen Gottes schon mehr als Tausend getauft hat."[27] War einerseits diese Zah-
lenangabe auch bislang schon als übertrieben angesehen worden,
galt es andererseits als ausgemacht, daß aufgrund dieses Hinweises
Wilhelm von Tripolis ein herausragender Muslimenmissionar gewesen sei. Dem stehen – abgesehen davon, daß diese Schrift wahr-
scheinlich nicht von Wilhelm selbst verfaßt worden ist[28] – die einzig
sicheren Hinweise auf Wilhelms Leben und Wirken, die wir kennen,
entgegen: Es sind dies drei von Papst Urban IV. 1264 ausgestellte
Bullen.[29] Darin „tritt uns in Wilhelm von Tripolis ein für die Kreuzfahrerstaaten tätiger Diplomat entgegen, der sich für die Stärkung
der Kreuzfahrerherrschaft gegen die ständige Bedrohung durch die
Mamlûken einsetzt."[30] Nach P. Engels findet sich der Charakter dieses Botschafters im Heiligen Land in der Schrift „Notitia de Machometo" wieder, „die eine kämpferische und abweisende Haltung gegenüber den Muslimen einnimmt"[31]. Hingegen kommt seiner Meinung nach in „De statu Sarracenorum" eine realitätsfremde Position
zum Vorschein, „die man sich bei einem mit den täglichen Problemen des Königreichs Jerusalem und der bedrängten Lage der christlichen Herrschaft konfrontierten Verfasser schlecht vorstellen
kann"[32], zumal Wilhelm nicht nur als erfahrener Zeitgenosse Zeuge
der politischen Verhältnisse war, sondern auch diesem Umfeld, wohl
Tripolis in Syrien, entstammte.

Worum geht es in diesen Schriften?

In der „Notitia de Machometo", deren vollständiger Titel „Denk-
schrift über Muhammad und sein Gesetzbuch, den Koran, über dessen Inhalt und darüber, was er vom Glauben unseres Herrn Jesus
Christus sagt" lautet,[33] ist die Intention der Schrift gleich zu Anfang
genannt. Ihr Verfasser will dreierlei aufzeigen: „Erstens, wer Muhammad war und woher sein Volk, die Sarazenen, und sein Irrglauben
kam, und wie es sich so rasch und mächtig ausbreitete. Zweitens, auf
welche Weise Muhammads Gesetzbuch, das auf Arabisch *al-Qur'an*
oder *Furqan* heißt, entstand, und wer es verfaßte bzw. zusammen-
stellte. Drittens schließlich, welche Lehre dieses Buch enthält und
welche Elemente des christlichen Glaubens es berührt."[34] Diese
Zielsetzung findet sich ebenso in „De statu Sarracenorum" oder wie
die Schrift mit vollem Titel heißt: „Über die Lage der Sarazenen und
über Muhammad, ihren falschen Propheten, über das Volk selbst und
sein Gesetz".[35] Auch ihr Verfasser will dreierlei darlegen: „Erstens,

wer Muhammad, der Anführer, Leiter und falsche Prophet des genannten Volkes (d. i. der Sarazenen) war, woher er kam und wann
er zu seiner Ehrenstellung aufstieg. Zweitens, wie das genannte Volk
sich so stark und machtvoll vergrößerte und ausbreitete. Drittens
geht es um ihr Gesetz bzw. Buch, den Koran, und darum, welche
Elemente des christlichen Glaubens in ihm enthalten sind."[36]

Bei der „Notitia de Machometo" handelt es sich offenbar um eine
Informationsschrift, bestimmt für den im Prolog genannten Archi-
diakon Theald von Lüttich, dem späteren Papst Gregor X. (1271–
1276), um ihm Informationen über Geschichte und Religion der
Muslime zu unterbreiten mit der abschließenden Aufforderung, daß
sich die christlichen Theologen und Rechtsgelehrten gegen die
„schrecklichen Irrlehren" des Islams zur Wehr setzen: „sie sollen ihre
[wohl: polemischen] Pfeile schärfen und abschießen, (den Sarazenen) diese (Irrlehren) austreiben und die unglücklichen Seelen den
Fallstricken des Teufels entreißen und im Netz Christi fangen und
sie schließlich auf jede erdenkliche Weise in den Hafen des Seelen-
heils bringen."[37]

Aus dem inhaltlichen Vergleich beider Schriften wird ihre gegenseitige Abhängigkeit erkennbar. Was jedoch die Einstellung ihrer
Verfasser zum Islam betrifft, so zeigt sich zwar eine besondere Ver-
trautheit mit den Lehren, Gesetzen und vorgeschriebenen Riten des
Islams – etwa beim Freitagsgebet –, die allerdings eine je andere
Wertschätzung des Islams zur Folge hat: „De statu Sarracenorum"
stellt sich als eine wohlwollende und von Versöhnung inspirierte
Schrift dar, die die Nähe des Islams zum christlichen Glauben zu
belegen sucht und Gemeinsamkeiten zwischen beiden Religionen
hervorhebt in der offensichtlichen Überzeugung, die Muslime zur
Konversion bewegen zu können, zumal der Islam keine längere Le-
bensdauer mehr zu erwarten habe und die Muslime ohnehin seit
langem mit ihrem eigenen Glauben unzufrieden seien, so daß gar
eine Erschließung christlicher Glaubensmysterien – wie Trinität und
Inkarnation – für sie in Frage komme mit dem Ziel, sie zur Annahme
des Christentums bewegen zu können.[38] Dahingegen gibt sich die
„Notitia de Machometo" sehr polemisch-apologetisch und versucht,
muslimische Glaubensauffassungen wie die der göttlichen Urheber-
schaft des Korans, der Prophetenschaft Muhammads, der Leugnung
der Trinität etc. argumentativ zu widerlegen, ist daher eher auf Abgrenzung denn auf die Betonung von Gemeinsamkeiten zwischen
Christentum und Islam aus.

Wenn einige Autoren in Wilhelm von Tripolis einen „missionary pacifist" sehen wollten[39] beziehungsweise ihn zu einem Vertreter „eines im besten Sinne gemeinten Missions-Pazifismus" machten,[40] dürfte das nach P. Engels wohl kaum zum Bild eines im Auftrag der Kreuzfahrerstaaten tätigen Gesandten passen.

Exkurs 3: Raimundus Marti (ca. 1220–1284)

Zusammen mit noch weiteren sieben Ordensbrüdern erhielt Raimundus Marti im Jahre 1250 durch das Provinzialkapitel seines Ordens in Toledo die Destination zum Studium Arabicum an der von Raimund von Peñafort eingerichteten Sprachschule in Tunis.[41] Dank seiner gründlichen Sprachkenntnisse – Arabisch, Hebräisch, Syrisch – war es ihm möglich, sich mit jüdischen und islamischen Quellen und Traditionen direkt auseinanderzusetzen. Seine 1257 abgeschlossene „Explanatio Symboli Apostolorum" – eine Auslegung des Glaubensbekenntnisses in zwölf Artikeln – war gedacht als pastorale Handreichung für Ordensmitglieder, die in Gebieten Spaniens arbeiteten, wo jüdische und islamische Einflüsse vorherrschten. 1267 vollendete Raimund Marti seine zweiteilige Arbeit „Capistrum Iudaeorum"[42], ebenfalls für Ordensbrüder bestimmt, die in der katalanisch-aragonischen Region lebten, in der es zahlreiche jüdische Kolonien gab.[43] Sein Hauptwerk „Pugio fidei adversus Mauros et Iudaeos" erschien 1278, zuletzt 1687 in Leipzig von J. B. Carpzov publiziert. Hinter dem kombattant klingenden Titel verbirgt sich eine milieubedingte Verteidigung des christlichen Glaubens aus der konkreten zeitgeschichtlichen Situation heraus, in der sein Verfasser lebte. Die zahlreichen literarischen Quellen, die in die dreiteilige Schrift eingeflossen sind, zeugen von Raimunds umfassender Bildung: Dank seiner Sprachkenntnisse war er sowohl mit der philosophisch-theologischen Tradition des Abendlandes vertraut als auch mit der jüdischen und muslimischen Literatur.

In dieser kurz skizzierten Missionstradition der Dominikaner im Westen wie im Orient[44] – es wären noch viele Namen zu erwähnen gewesen – steht der aus Florenz stammende Ricoldus de Monte Crucis (1243–1320).[45] Im Prolog zu seinem „Liber Peregrinatoris" finden wir die Notiz, daß er lange und mühevolle Reisen unternommen habe, um sich umfassend zu bilden. Er bereiste Spanien, Palästina, Armenien und das Zweistromland, lange Zeit lebte er in Bagdad.[46] Dort studierte er den Islam und machte sich mit islamischer Geschichte vertraut. Mehrfach berichtet Ricoldus in seinen Werken über seine missionarischen Aktivitäten. In seinen „Libellen ad Nationes Orientales" stellte er Richtlinien auf für das Verhalten von Missionaren Muslimen und häretischen Christen gegenüber.

Erfreut zeigt sich Ricoldus über seine persönlichen freundschaftlichen Beziehungen und Kontakte zu muslimischen Gelehrten, von etwaigen Übertritten zum Christentum berichtet er allerdings nichts. Im Gegenteil: Ricoldus hat die politischen Verhältnisse offensichtlich realistisch eingeschätzt.

Die Einnahme Akkons am 18. Mai 1291 und damit der Untergang des dortigen Dominikanerklosters[47] haben ihn tief erschüttert, wie aus seinen Trauerbriefen hervorgeht, die er aus diesem Anlaß geschrieben hat. Die Frucht seiner Studien und Erfahrungen mit und unter Muslimen liegt uns vor in seinem Werk „Contra legem Sarracenorum".[48]

a) Die Schrift „Contra legem Sarracenorum"

Ricoldus hat sein Werk in siebzehn Kapitel gegliedert. Die Intention seiner Arbeit gibt er im Prolog so wieder: Er will die Hauptirrtümer des Islam wiederlegen und so Mitbrüdern die Gelegenheit geben, die Muslime zum Glauben an den wahren Gott zu bewegen.[49]

Somit ist das Werk nach eigener Aussage nicht an die Muslime, sondern an seine eigenen Mitbrüder gerichtet, um ihnen Hilfen zur Argumentation gegen die islamischen Glaubenslehren an die Hand zu geben. Entsprechend schneidet Ricoldus jene kontroverstheologischen Themen an, die aus der antiislamischen Polemik und Apologetik hinlänglich bekannt und auch später immer wieder aufgegriffen worden sind. Im Zentrum steht dabei die Frage, welches von beiden das wahre „Gesetz Gottes" ist: der Koran oder die Bibel? Diese Frage zieht sich wie ein roter Faden durch das gesamte Werk. Eigentlich nimmt Ricoldus schon im ersten Kapitel die Antwort vorweg, wenn er den Koran als Konglomerat alter längst widerlegter christlicher Häresien, als Gemisch aus verschiedenen Lehrmeinungen unterschiedlichster Provenienz auszuweisen versucht.

Die christlichen Glaubensmysterien Trinität und Inkarnation sind für Ricoldus die wichtigsten Fragestellungen im Kontext christlichislamischer Kontroversen. Da beide aber die menschliche Vernunft übersteigen und wir – so Ricoldus in Übereinstimmung mit Thomas von Aquin – keine Vernunftgründe zu ihrem Beweis anführen können, lediglich Glaubensgründe, bleibt nur der Rekurs auf die Autorität der Botschaft des Evangeliums, das ja auch der Koran erwähne, und auf biblisch bezeugte Wunder, wie er meint. Beides fehle im Islam: sowohl die Autorität einer heiligen Schrift als auch Beglaubigungswunder. Deshalb sucht Ricoldus nach koranimmanenten Hinweisen, um diese seine These zu untermauern. Daß ihm das möglich sein wird, davon ist er überzeugt.

Das Fehlen von Beglaubigungswundern
Ricoldus will also den Koran mit seinen eigenen Argumenten schlagen, wie er sagt. Ein wichtiges Argument gegen die Authentizität des Korans ist für ihn das Fehlen von Beglaubigungswundern. Nach koranischer Auffassung hat ja Muhammad – im Gegensatz zu Jesus – keine Wunder gewirkt. Wenngleich das auf den ersten Blick richtig ist, bleibt doch zu beachten, daß der Koran als solcher sich in seiner behaupteten Unnachahmlichkeit als das eine fortwährend präsentische Zeichen, gleichsam als Dauerwunder, versteht, das Muhammads Legitimität und Autorität ausweist.

Die Widervernünftigkeit des Korans
Nicht nur im Fehlen von Beglaubigungswundern sieht Ricoldus ein Argument gegen die Authentizität des Korans, sondern auch in den seiner Meinung nach vielen koranimmanenten Widersprüchen und Ungereimtheiten, die seine Widervernünftigkeit bezeugten. Sie manifestiere sich hauptsächlich in vier Punkten:
1. in seinem Urheber Muhammad, und zwar aufgrund seines unsittlichen Lebenswandels[50] – ein in der antiislamischen Polemik immer wieder vorkommender Vorwurf;
2. im Koran selbst, sofern er nichtssagende, weil tautologische Aussagen enthalte; nicht nur das, auch obszöne Formulierungen fänden sich dort;[51]
3. in der Glaubenspraxis der Muslime, etwa in den rituellen Waschungen vor dem täglichen Gebet,[52] ferner in ihrem Eheverständnis und ihrer Scheidungspraxis;[53]
4. in den koranischen Paradiesvorstellungen, die seit jeher Angriffsfläche christlicher Autoren gegen den Islam gewesen sind.[54]
Daneben listet Ricoldus im 9. Kapitel – wie er meint – offenkundige, d. h. für jedermann erkennbare Irrtümer des Korans auf, darunter den Anspruch Muhammads, das „Siegel der Propheten", d. h. Abschluß- und Höhepunkt der Prophetengeschichte zu sein (Koran 33,40), ferner den koranischen Vorwurf gegen Juden und Christen,

Gott andere Götter beizugesellen,[55] sowie die koranische Negierung der Gottessohnschaft Jesu und seines Kreuzestodes.[56]

Bibel und Koran im Vergleich

Zum Schluß seiner Ausführungen zeigt Ricoldus die Vorzüge der Botschaft des Evangeliums gegenüber dem Koran auf.[57] Während das heilige Buch der Muslime als „Gesetz des Todes"[58] dargestellt wird, preist Ricoldus die Botschaft des Evangeliums als Vollendung und Erfüllung aller früheren Schriften, verweist auf ihre universale Verbreitung in der Welt, betont ihre Vernunftkonformität und ihre Übereinstimmung mit philosophischen Traditionen.[59] So kommt er zu dem Schluß, daß allein das Evangelium Gesetz Gottes ist.[60]

b) Fazit: Ein polemisch-apologetisches Werk

Mit dem Werk „Contra legem Sarracenorum" hat Ricoldus der Nachwelt eine polemisch-apologetische Schrift hinterlassen. Sie ist in ihrer Art wenig originell, hebt sich von anderen Hinterlassenschaften ihres Genres kaum ab. Ihr Ziel ist es, unter Voraussetzung des christlichen Glaubens und christlicher Theologie koranische Positionen zu entkräften und ihre Inferiorität gegenüber der Botschaft des Evangeliums offenzulegen. Im Licht seiner eigenen Überzeugungen und seiner Theologie, verbunden mit seinen im Orient gewonnenen Erfahrungen geht Ricoldus an den Koran heran, um – wie er glaubt – dessen Schwächen aufdecken zu können, um so die für ihn selbstverständliche Überlegenheit der biblischen Botschaft um so leuchtender aufstrahlen zu lassen. Mit kritischer Phänomenologie hat diese Methode nichts zu tun. Darum ging es Ricoldus auch gar nicht. Seine Methode war vielmehr diese: Aus dem Koran selbst heraus Argumente für die Authentizität der biblischen Botschaft zu eruieren, um sie seinen Mitbrüdern an die Hand zu geben. So versuchte er, eine Apologie des christlichen Glaubens zu erarbeiten, die ausgehend von koranischen Positionen deren a priori feststehende Unhaltbarkeit zur Voraussetzung hat. Einziges Kriterium der Wahrheitsfindung ist für Ricoldus sein eigener Glaube, er ist ihm Maßstab und Richtschnur seines Koranverständnisses. Doch das allein sollte nicht genügen: Mit seinem Werk „Contra legem Sarracenorum" reiht sich Ricoldus darüber hinaus nahtlos ein in die lange Reihe antiislamischer Polemik christlicher Autoren des lateinischen Mittelalters. Die politischen Verhältnisse im Orient und seine dortigen Erlebnisse haben zweifelsohne ihren Niederschlag in seinem polemisch-apologetischen Werk „Contra legem Sarracenorum" gefunden. Seine Verbreitung im Westen hat das Islamverständnis kommender Generationen mitgeprägt – nicht gerade zum Besten, wie sich noch zeigen wird.[61]

4. Raimundus Lullus: Vom Zwiegespräch zum Streitgespräch[62]

Für B. Altaner war Raimund Lull der größte Muslim-Missionar des Mittelalters[63] sowohl in praktischer wie theoretischer Hinsicht. Von seinen vielfältigen missionarischen Bemühungen zeugt auch sein immenses Schrifttum.[64] In Palma de Mallorca um 1232/33 geboren, wuchs Raimund in einem religiösen Milieu auf, das von drei Faktoren bestimmt war: Judentum, Christentum und Islam. Denn auf der Insel Mallorca, 1230/31 von König Jakob I. von Aragon erobert, lebten Juden, Christen und Muslime in je eigener Weise gemeinsam unter christlicher Herrschaft. W. A. Euler meint gar feststellen zu können, „daß es kaum eine Periode intensiveren Austausches zwischen den drei großen monotheistischen Religionen des Mittelmeerraumes gab als im Spanien und Mallorca des 13. Jahrhunderts", also zu Lebzeiten Lulls.[65] Wenn dem so gewesen wäre, dann hätte das natürlich sein Leben und Wirken entscheidend mitgeprägt. Bestimmend für seinen Lebensweg wurde jedoch der Gedanke der *Missionierung* von Juden und Muslimen und ihre *Bekehrung zum Christentum*. Damit steht Lull in der Missionstradition der Franziskaner und Dominikaner, an deren Generalkapiteln er u. a. teilgenommen hat.

a) Die Sehnsucht nach Einheit

„Da wir alle, wie viele wir auch sein mögen, nur einen Gott und Herren haben ..., so sollten wir auch alle zusammen nur einen einzigen Glauben und eine einzige Religion haben, nämlich den heiligen christlichen Glauben."[66] Von dieser Überzeugung ausgehend, suchte Lull zunächst nach Möglichkeiten des Gesprächs zwischen den Anhängern der drei großen monotheistischen Religionen. Wir beschränken uns hier auf seine Stellung zum Islam.[67]

Wie für andere mittelalterliche Persönlichkeiten auch, ist für Raimund Lull die Zerrissenheit der Menschheit ein wichtiger Impuls gewesen, um nach jenem Einheitsideal zu suchen, das alle Menschen grundlegend verbindet. Dieses Suchen schließt intellektuelles Bemühen ebenso ein wie existentielles Ringen nach *Unitas et Pax* zwischen den Menschen insgesamt, ihren Religionen und Ethnien. Es ist die tiefe Sehnsucht nach Wiederherstellung jener ursprünglichen Einheit aller Menschen, die in Gott, ihrem Schöpfer, ihren Ursprung hat. Für Lull ist es – religionstheologisch gewendet – die „concordantia in una lege"[68], die diese Einheit stiftet.

Hinter diesem Einheitsstreben steht jenes mittelalterliche Einheitsideal, wie es im Ordo-Prinzip und Ordo-Denken neuplatonisch-augustinischer Herkunft ansichtig wird: Von einer vorfindlichen Ordnung als Wesenszug der Wirklichkeit ausgehend, wird auf einen ordnenden Schöpfer als Ursprung geschlossen, die Einheit der Welt als Abbild der Einheit ihres Schöpfers gesehen. Weil Gott *einer* ist, kann es aufgrund der supponierten Ordnungsstruktur nur *eine* Welt, *eine* Menschheit geben.

Dieses henologische Prinzip ist in analoger Weise ebenso im islamischen Denken verankert: Weil Gott *einer* ist, ist auch sein durch Muhammad geoffenbarter Wille für die Gestaltung der menschlichen Gesellschaft *einer*: Diese Idee der Einheit (tawhid) hat eine so hohe Priorität im Denken der Muslime, daß sie sich nicht auf die rein innertheologische Frage nach der Einheit und Einzigkeit Gottes beschränken läßt, sondern auch in den gesellschaftlichen und politischen Konzeptionen ihren Niederschlag findet, ja es ist koranische Auffassung, daß die Menschen ursprünglich „eine einzige Gemeinschaft" waren (Koran 2,213; vgl. 10,19), geeint in ihrem gemeinsamen Glauben an den einen und einzigen Gott und ihrem gemeinsamen Gehorsam gegen sein Gesetz.

Möglicherweise hat auch diese koranische Vorstellung von der ursprünglichen Einheit der Menschheit und der einstigen Einheit ihrer Religion über das genannte Ordo-Denken hinaus das Lullsche Einheitsverlangen mitgeprägt.

b) Zur „Hermeneutik des Dialogs" zwischen Christen und Muslimen: Die Vernunft als Basis

Grundlegende Bedeutung im christlich-islamischen Diskurs besitzt für Raimund Lull sein unbedingter Wille, die zentralen Glaubenslehren des Christentums – Trinität und Inkarnation – argumentativ zu entfalten, und zwar metaphysisch-spekulativ als Grundlage eines umfassenden Seins- und Weltverständnisses. Deswegen rekurriert Lull wieder und wieder auf die *Vernunft*: „Die Ungläubigen kümmern sich nicht um die Behauptungen der Gläubigen, sondern ausschließlich um Vernunftsgründe"[69], sagt er und spricht damit jenen Grundsatz an, der für ihn im Gespräch mit Nichtchristen das tragende Fundament ist: nicht mögliche gemeinsame Glaubenstraditionen, sondern allein das von beiden Seiten – Christen wie Muslimen – akzeptierte Vernunftprinzip. Nur so läßt sich im Rückgriff auf eine beiderseits anerkannte gemeinsame Basis eine für beide Partner grundlegende „Hermeneutik des Dialogs" finden. So erklärt sich, daß Lull, obwohl er mit dem Koran gut vertraut war – Arabisch hatte er mit Hilfe eines maurischen Sklaven gelernt –, im allgemeinen sowohl auf biblische als auch koranische Rückbezüge verzichtet. Diese bewußte Zurückhaltung hat ihren Grund in seiner dezidierten Überzeugung, „daß die Berufung auf Autoritäten, also auf Zeugnisse, die lediglich Geltung und Gültigkeit für die Gläubigen einer Religion haben ... nicht Ausgangspunkt der Diskussion mit Nichtchristen sein darf, sondern es muß rekurriert werden auf die Instanz, auf die sich alle denkenden Menschen beziehen ...: die Vernunft".[70]

Und aufgrund der Vernunft glaubt Lull die besseren Argumente für die Wahrheit des christlichen Glaubens in der Hand zu haben, eben „rationes necessariae", wie er sie meist nennt,[71] *stringente Vernunftgründe*, die bei seinen muslimischen Gesprächspartnern Anerkennung und Respekt finden müssen, das ist seine Überzeugung.

c) Vom irenischen Dialog zum kämpferischen Disput

Bei Raimund Lull, schreibt E. Colomer, geht der Missionar dem Denker voran[72], d. h. sein Ziel, die Missionierung der Nichtchristen, will er mit den Mitteln der Vernunft erreichen. Die Vernunft hat also eine dienende Funktion. In seiner „Ars" sah er verwirklicht, was er immer angestrebt hatte: die bestmögliche, nicht mehr überbietbare Widerlegung nichtchristlicher Glaubensaussagen. Wie die „Ars" bis zu ihrer endgültigen Vollendung eine Entwicklung durchgemacht hat – Lull hat daran über dreißig Jahre gearbeitet –, so auch die Haltung Lulls Andersgläubigen gegenüber: Der anfängliche irenische Dialog ist schließlich zum kämpferischen Disput geworden, vernetzt mit konkreten Kreuzzugsstrategien. Dementsprechend kann man mit A. Llinarès im Leben Lulls zwei Phasen unterscheiden, die Periode der Zwiegespräche und die der Streitgespräche.[73] Ob jedoch das Datum seiner ersten Missionsreise nach Tunis, wo er nur knapp dem Tode entkommen sein will, als Wendepunkt in seinem Leben angesehen werden kann, darf bezweifelt werden; denn bereits im Jahre 1292 – also noch vor seiner Reise nach Tunis 1293 – hatte sich Lull mit einer Petition an Papst Nikolaus IV. gewandt, in der er zum ersten Mal seine Missionsaktivitäten, deren erklärtes Ziel ja die Bekehrung von Nichtchristen zum Christentum war, mit einem Kreuzzugsvorhaben verbunden hatte, um das *Heilige Land* zurückzuerobern. Anlaß dazu könnte der Fall von Akkon am 18. Mai 1291 gewesen sein. Denn der Verlust von Akkon und damit der Fall des letzten christlichen Stützpunktes in Palästina hatte die Christenheit erschüttert. Lull nimmt darauf Bezug, wenn er ein Jahr später die Trauer anspricht, die alle wegen des Verlustes des Heiligen Landes bewege. Dieses einschneidende Ereignis hat ihm offensichtlich zu denken gegeben und ihn veranlaßt, seine strategischen Überlegungen, wie dem Islam zu begegnen sei, ernsthaft zu überprüfen. Aus diesem Umdeutungsprozeß erklärt sich seine Wende vom irenischen Dialog zum kämpferischen Disput bis hin zu Kreuzzugsabsichten.

d) Zwischen Glaubenszwang und Glaubensfreiheit

Lulls Verhalten Nichtchristen gegenüber schwankte, um mit B. Altaner zu sprechen, zwischen Glaubenszwang und Glaubensfreiheit.[74] Von 1292 an kreist sein Denken mehr und mehr um die Kreuzzugsidee: „Raimund scheint besessen von dem Gedanken, das Heilige Land zurückzuerobern. Dafür schreibt er ununterbrochen Memoranden, Bittgesuche, Kreuzzugspläne, in dem verzweifelten Versuch, die Christenheit für die große Aufgabe zu mobilisieren."[75] Hatte er sich früher mit ganzer Kraft der Missionsidee verschrieben und versucht, für ihre Verbreitung in Europa die Voraussetzungen zu schaffen – 1276 hatte Lull z. B. mit päpstlicher Approbation und mit Unterstützung von König Jakob II. in Miramar auf Mallorca ein Missionskloster gegründet, an dem anfangs 13 Franziskaner Arabisch lernten –, sollte sich später der Gedanke militärischer Aktion gegen die Muslime und andere Nichtchristen mehr und mehr in den Vordergrund schieben. Zwar blieb weiterhin die Missionsidee Bestandteil seiner strategischen Überlegungen dem Islam gegenüber, doch daneben trat der Kreuzzugsgedanke: Mission und Kreuzzug, Predigt und Krieg galten ihm als probate Mittel, den christlichen Glauben auszubreiten beziehungsweise dafür die Voraussetzungen zu schaffen. Sein häufiges Scheitern sowohl innerhalb wie außerhalb Euro-

pas machten ihn mit zunehmendem Alter für die Versuchung zur
Gewaltanwendung anfälliger. In einer Welt, die in steigendem Maße
Macht und Gewalt zur Ausbreitung des christlichen Glaubens und
Herrschaftsbereiches anwandte, vermochte sich auch Raimund Lull
diesem Zeitgeist nicht zu entziehen.

Zwischen Dezember 1315 und März 1316 stirbt Lull auf dem
Heimweg von Tunis nach Mallorca. In einer Art Rückblick auf sein
Leben und Wirken hatte er 1311 geschrieben: „Ich bin verheiratet
gewesen, habe Kinder, war begütert und habe das Leben genossen.
Alles habe ich gern aufgegeben, um zur Ehre Gottes und zum allgemeinen Wohl zu arbeiten und den heiligen Glauben zu mehren. Arabisch habe ich erlernt und mich mehrfach aufgemacht, den Muslimen
(das Evangelium) zu predigen; wegen meines Glaubens wurde ich
gefangengenommen, eingekerkert, verwundet. 45 Jahre lang habe ich
gearbeitet, um die Kirche und die christlichen Herrscher zu motivie-
ren, dem allgemeinen Wohl zu dienen. Nun bin ich alt, dazu noch
arm; geblieben ist mein Anliegen, und dabei werde ich bleiben bis
in den Tod hinein, so Gott will."[76]

VI. Der Koran in Verständnis und Kritik bei Nikolaus von Kues und Martin Luther

1. Nikolaus von Kues: „Cribratio Alkorani" – „Sichtung des Korans"

„Cribratio Alkorani" – „Sichtung des Korans" nannte Kardinal Nikolaus von Kues sein 1460/61 verfaßtes dreiteiliges Werk[1], in dem er sich um eine theologische Auseinandersetzung mit dem Islam bemühte.[2]

Diese zu den Alterswerken des Kardinals zählende Arbeit steht vom Inhalt her seiner Schrift „De pace fidei" sehr nahe, die Nikolaus unmittelbar nach dem Fall von Konstantinopel (1453) verfaßte.[3] Die schon damals angegangenen Themen, die Dreieinheit der Personen in Gott, die personale Einheit von Sohn Gottes und Mensch in Jesus Christus als dem Erlöser und Mittler des Heils sowie das Verständnis des eschatologischen Paradieses, kehren in der „Cribratio Alkorani" wieder. Hier allerdings werden diese Themen – und nicht nur sie – viel weiter ausgeführt, der Koran wieder und wieder zitiert und mit christlichen Positionen konfrontiert. Nikolaus wird dabei nicht müde, nach immer neuen Möglichkeiten im Koran zu suchen, die sich – wie er meint – als Anknüpfungspunkte eignen, um Muslimen den Weg zum christlichen Glauben zu ebnen.

a) Die „Sichtung des Korans" als apologetische Schrift

Mit seiner „Sichtung des Korans" steht Nikolaus von Kues in der langen Tradition christlich-islamischer Auseinandersetzung. Erst auf dem Hintergrund dieser Tradition wird der Eigenwert seiner Schrift sichtbar, deren Besonderheit und Originalität in der ihr eigenen Intention und Methode liegt.

Schon im Titel „Cribratio Alkorani" scheint die dem Cusanus eigene Intention auf. Er will den Koran „sichten" und „sieben", und zwar auf seinen biblischen Gehalt hin, d. h. die Spreu vom Weizen trennen, um im Bild des Siebens zu bleiben. Deshalb wendet Nikolaus alle Mühe auf, den Koran – für ihn ein Gemisch aus recht heterogenen Elementen jüdischer und häretisch-christlicher Provenienz – zu analysieren und auf seine biblischen Inhalte hin abzuklopfen. Nicht nur das: Was Nikolaus eigentlich wollte und worauf es ihm in seiner theologischen Auseinandersetzung mit dem Islam ankam, hatte er bereits in seinem Brief an Johannes von Segovia vom Dezember 1454 so zum Ausdruck gebracht: „Wir müssen immer versuchen jenes Buch, das bei ihnen, den Muslimen, Autorität besitzt, für uns geltend zu machen. Denn wir finden darin Stellen, die uns dienlich sind, und andere, die uns widersprechen, können wir durch sie erklären."[4] Das ist seine Absicht, das ist das Leitmotiv seiner Koraninterpretation: die Deutung des Korans vom Evangelium her. Unter dieser Voraussetzung ist seine „Sichtung des Korans" im weitesten Sinne als eine Verteidigung des christlichen Glaubens anzusehen.

Dem Formalobjekt, nämlich der Sichtung des Korans auf seinen biblischen Gehalt hin, ja darüber hinaus seiner Deutung vom Evangelium her, ist die Methode des cusanischen Vorgehens angeglichen. Drei Momente sind hier typisch und charakteristisch für Nikolaus, da sie besonders den eigenen Stellenwert, den die „Cribratio Alkorani" innerhalb der lateinischen antiislamischen Literatur einnimmt, unterstreichen:

– *pia interpretatio*

Damit ist weder eine „gewissenhafte Auslegung" des Korans gemeint, wie G. Hölscher glaubte,[5] noch kann man mit P. Naumann von einem „rechten Verständnis" des Korans sprechen, zu dem Nikolaus habe anleiten wollen.[6] Vielmehr kommt in diesem Motiv die irenische Haltung des Cusanus selbst jenen Passagen des Korans gegenüber zum Ausdruck, die ihm fremd, uneinsichtig, moralisch abstoßend und verwerflich erschienen. „Pia interpretatio" meint deshalb nichts anderes als eine aus christlicher Sicht wohlwollende, gutmütige und weitherzige Auslegung des Korans.

– *manuductio*

Die Methode der „manuductio" zählt zu den leitenden Motiven der cusanischen Theologie. In der „Sichtung des Korans" kommt in diesem Motiv gezielt die Art und Weise des methodischen Vorgehens zum Ausdruck: In seinem Glaubensgespräch mit dem Islam will Nikolaus die Muslime gleichsam an die Hand nehmen, um sie zum Verständnis des christlichen Glaubens zu führen. Seine vielfältigen Versuche, den Muslimen den christlich-trinitarischen Gottesbegriff zu erhellen und ihnen dazu einen Zugang zu verschaffen, will Cusanus ausdrücklich als „manuductiones ad trinitatem", als Hinführungen zum christlichen Trinitätsverständnis verstanden wissen.

– rationabilitas

Schließlich ist ein drittes Motiv zu nennen: die Rationabilität des im Glauben Vorgegebenen aufzuweisen. Das, was Nikolaus im Glauben bekennt, will er spekulativ-rational vor der Vernunft rechtfertigen. Das ist seine Methode: „… die, die ihren Verstand gebrauchen, sollen sehen, daß wir, die wir an die Dreifaltigkeit glauben, dies aus rationalen Beweggründen tun …".[7] Das heißt nun nicht, daß das Dogma der Trinität als denknotwendig erwiesen werden soll. Von dieser vermeintlichen Möglichkeit war Raimundus Lullus überzeugt gewesen. Er war davon ausgegangen, daß ihm „rationes necessariae", d. h. stringente Gründe zur Verfügung stünden. Das Scheitern seiner umfangreichen Bemühungen hat ihm Unrecht gegeben, und Nikolaus ist ihm in diesem Punkt nicht gefolgt. Nicht die Rationabilität des im Glauben Vorgegebenen, sondern dessen Rationabilität soll aufgewiesen werden. Ausgangsbasis cusanischer Trinitätsspekulation ist nicht die Vernunft, sondern der Glaube. Deswegen ist jede Cusanusinterpretation einseitig und unzulänglich, die nicht in den Vorgaben des Glaubens den Ausgangs- und Mittelpunkt findet, in dem sich Cusanus bemühte, die Gegensätze zu höherer Einheit zusammenzufassen.

Die cusanische Überzeugung, daß auch im Koran die Wahrheit des Evangeliums zu finden sei, geht davon aus, daß der Islam eine christliche Häresie sei. Schon in seiner der „Cribratio Alkorani" vorangestellten Widmung der Schrift an Papst Pius II. weist Nikolaus darauf hin, daß die – wie er es formuliert – „muhammadanische Sekte" sich aus der nestorianischen Häresie herleite. Diese Ansicht ist nicht neu. Sie gehört zum Allgemeingut der christlichen Polemik gegen den Islam sowohl in byzantinischer wie lateinischer Provenienz. Ihr Ursprung liegt in der frühen muslimischen Legende, in der bekannten Bahîra-Erzählung, wonach Muhammad von einem christlichen Mönch – in der antiislamischen Polemik weitgehend als Nestorianer angesehen – beeinflußt worden sei. Bereits Koran 16,103 spricht darauf an, wenn es dort heißt: „Wir wissen wohl, daß sie (die Ungläubigen) sagen: ,Es lehrt ihn (Muhammad) (ja) ein Mensch (was er als göttliche Offenbarung vorträgt)'. (Doch) die Sprache dessen, auf den sie anspielen, ist nicht arabisch. Dies hingegen ist deutliche arabische Sprache."

Nikolaus nun hat entsprechend den ihm vorliegenden Quellen diese Tradition aufgegriffen; und so erklärt sich für ihn die innere Affinität zwischen Christentum und Islam durch den Nestorianismus, den er als Bindeglied zwischen beiden Religionen ansieht; das gilt insbesondere für die kontroversen christologischen Fragen. Insofern ist seine Kritik der koranischen Christologie auch als Kritik des Nestorianismus anzusehen, was jedoch die für das Glaubensgespräch zwischen Christen und Muslimen grundlegende Bedeutung des Nestorianismus nicht beeinträchtigt, ist er doch – obgleich Häresie – für Nikolaus von Kues aufgrund der Genese des Korans die theologische Basis in der Auseinandersetzung mit dem Islam.

Die Möglichkeit nestorianischen Einflusses auf Muhammad und seine geistige Umgebung ist nicht auszuschließen, war doch der Nestorianismus zu damaliger Zeit im nahöstlichen Raum weit verbreitet. Unter der Herrschaft der Sassaniden im Perserreich war er die anerkannte Form des Christentums. Durch die Eroberung Südarabiens durch die Perser im Jahre 597 und die Isolierung der südarabischen Kirche vom westlichen Christentum war die Nestorianisierung auch hier favorisiert worden.

So ist es nicht undenkbar, daß auch Muhammad in irgendeiner Weise – wenn auch nicht direkt, so doch vom Hörensagen – mit dem Nestorianismus in Berührung gekommen ist. Dementsprechend konnten unter anderen auch spezifisch nestorianische Elemente im Koran entdeckt werden.

b) Die „Cribratio Alkorani" als polemische Schrift

Wenn auch die Apologie christlicher Glaubensmysterien im Vordergrund der „Sichtung des Korans" steht, so sind dennoch ausgesprochen polemische Passagen gegen Muhammad und den Koran nicht zu leugnen. Hier steht Nikolaus ganz und gar in der Tradition der antiislamischen Polemik des Mittelalters, wie er sie in den von ihm herangezogenen Quellen vorfand, die wir nun kurz vorstellen wollen.

c) Die literarischen Quellen der „Cribratio Alkorani"

Daß Nikolaus sich um ein Verständnis des Islams anhand der ihm zugänglichen Literatur bemüht hat, zeigen das gründliche Studium und die Verwertung der von ihm benutzten diesbezüglichen Quellen.

Es ist ein glücklicher Umstand, daß Nikolaus von Kues gleich zu Beginn seiner „Sichtung des Korans" Auskunft über seine literarischen Quellen gibt. Es sind dies aus dem sog. Corpus Toletanum folgende aus dem Arabischen ins Lateinische übersetzte Schriften:

1. die von Petrus Venerabilis in Auftrag gegebene und im Jahre 1143 fertiggestellte lateinische Koranübersetzung des Engländers Robert von Ketton;
2. die im Arabischen als „Risalat 'Abdallah ibn-Isma'îl al Hashimî ila 'abd-al-Masîh ibn-Ishak al-Kindî wa Risalat al-Kindî ila al-Hashimî" bezeichnete Schrift, eine der bekanntesten christlichen Apologien in arabischer Sprache, konzipiert als Schriftwechsel zwischen einem Muslim und einem Christen;
3. der „Liber generationis Mahumet", der eine Anzahl jüdisch-islamischer Schöpfungslegenden sowie Patriarchen- und Prophetengeschichten enthält sowie eine Darstellung der Genealogie Muhammads. Das arabische Original dürfte der „Kitab Nasab Rasul Allah" des Sa'îd ibn-'Umar sein;
4. die „Fabulae Saracenorum" mit legendarisch verfärbten muslimischen Traditionen, einer Geschichte Muhammads sowie biographischen Skizzen der ersten sieben Khalîfe;
5. die „Doctrina Mahumet", ein Konglomerat aus muslimisch-jüdischen Legenden, als Frage-Antwort-Spiel im Katechismusstil aufgebaut; das arabische Original heißt „Masa'îl 'Abdallah ibn-Salam (Fragen des 'Abd Allah ibn-Salam)";
6. die „Summa totius haeresis Saracenorum" des Petrus Venerabilis sowie
7. dessen Brief an Bernhard von Clairvaux.

Alle diese Schriften sind in Cod. Cus. 108 enthalten.

Über diese zum Corpus Toletanum zählenden Arbeiten hinaus erwähnt Nikolaus mit besonderer Wertschätzung

1. das Werk des Orientmissionars Ricoldus de Monte Crucis „Contra legem Sarracenorum",
2. die umfangreiche Schrift des Dionysius Cartusianus „Contra perfidiam Machometi" – beide Arbeiten finden sich in Cod. Cus. 107–,
3. die kleine Abhandlung „De rationibus fidei ad Cantorem Antiochenum" von Thomas von Aquin, und schließlich
4. die Schrift „Contra principales errores perfidi Mahometi" des Juan de Torquemada.

d) Der Koran in cusanischer Deutung

Der Angelpunkt christlich-islamischer Kontroverse ist die Frage nach Jesus Christus. Das erhellt sich bereits – wie wir sehen werden – aus dem Koran; und Nikolaus hat sehr wohl darum gewußt. Schon in seinem Brief an Johannes von Segovia stellte er fest, daß er die Erfahrung gemacht habe, daß es nicht schwierig sei, Juden und Muslime von der Trinität in der Einheit der Substanz zu überzeugen. Aber was die hypostatische Union angehe, sei dieses Unterfangen jetzt bereits ebenso schwierig, wie es von Anfang an gewesen sei. Und er fügt hinzu: „Dieser Teil wird – wie er es immer gewesen ist – äußerst schwierig sein."[8]

Schließlich war es Muhammad selbst, der die christologische Frage gestellt hatte und für sich und seine Verkündigung die Entscheidung fällte: Jesus ist nicht der Sohn Gottes: „O Ihr Leute des Buches, übertreibt nicht in eurer Religion und sagt über Gott nur die Wahrheit. Christus Jesus, der Sohn Marias, ist doch nur der Gesandte Gottes und sein Wort (kalima), das Er zu Maria hinüberbrachte, und ein Geist von Ihm ..." (Koran 4,171).

Jesus Christus: „Wort Gottes"

Die Bezeichnung Jesu als „Wort Gottes" hat christlicherseits immer wieder dazu geführt, die koranische Terminologie im Sinne der christlichen Dogmatik zu interpretieren. Auch Nikolaus hat das versucht, sowohl in „De pace fidei" als auch in der „Cribratio Alkorani". Deswegen ist die Frage zu klären, was versteht der Koran unter „Wort" (kalima)?

Zunächst einmal bedeutet „kalima" das schöpferische Wort Gottes: Gottes Wort schafft Dasein, macht existent. Dieser Bedeutungsinhalt erstreckt sich sowohl auf die Erschaffung aus dem Nichts wie auf die endzeitliche Auferweckung der Toten. Zum anderen bezeichnet „kalima" die auf die Propheten herabgesandte Botschaft Gottes. Gott hat zu verschiedenen Zeiten den Völkern Propheten gesandt, damit sie sein Wort verkündeten. Was will nun der Koran sagen, wenn er Jesus als „Wort Gottes" bezeichnet? Ist damit ein christliches Verständnis intendiert? Dazu A. Th. Khoury: „Daß ein Echo der christlichen Lehre hier zu hören ist, kann man nicht bezweifeln. Aber es scheint genauso sicher zu sein, daß Muhammad nur die Vokabel 'Wort' übernommen hat, ohne einen dogmatischen Inhalt damit zu verbinden."[9] Mag vielleicht auch die christliche Logos-Vorstellung irgendwie einen gewissen Einfluß auf den Koran gehabt haben, in-

tendiert ist mit der Charakterisierung Jesu als Wort Gottes aber keineswegs der Glaube an die zweite göttliche Person. Denn der Koran
negiert an zahlreichen Stellen explizit und unmißverständlich die
Gottessohnschaft Jesu. (Vgl. u. a. Koran 43,59; 4,172; 19,30.93;
5,17.72 116 –117.) Christliche Herkunft und nichtchristliche Deutung
schließen einander in keiner Weise aus. Darum kann diese Formulierung auch nicht als koranischer Beleg für die Göttlichkeit Jesu und
damit für eine trinitarische Gottesvorstellung herangezogen werden.
Mit Recht kann man also feststellen, daß „kalima" mit Bezug auf
Jesus nichts anderes besagt, als daß Jesus a) durch das göttliche Schöpfungswort in die Existenz gerufen worden ist und b) als Prophet und
Gesandter Gottes Verkünder von Gottes Wort ist (Koran 3,45).

Es dürfte damit genügend klargeworden sein, daß aus der bloßen
formalen Ähnlichkeit der koranischen und biblischen Bezeichnung
Jesu als „Wort Gottes" nicht auf ihre inhaltliche Identität geschlossen werden kann und darf. Auch wenn der Ursprung der koranischen
Terminologie christlich beeinflußt sein mag, so hat Muhammad ihr
doch einen neuen Sinn gegeben, der mit dem von ihm vertretenen
strikten Monotheismus in Einklang steht.

Was für die Bezeichnung „Wort Gottes" für Jesus gilt, trifft ebenso
auf seine Charakterisierung als „Geist" (ruh) Gottes zu (vgl. Koran
4,171; 21,91; 66,12), auf die Nikolaus ebenfalls eingeht. In beiden
Fällen wird in diesem Zusammenhang besonders die Geschöpflichkeit Jesu hervorgehoben: durch das Schöpfungswort Gottes und das
Einhauchen seines Geistes wurde Jesus wie Adam ins Leben gerufen
(vgl. Koran 15,29; 32,9; 38,72).

Dieser genuin koranische Sinn von „Wort" und „Geist" Gottes ist
zu berücksichtigen, wenn im Hinblick auf diese Christusattribute ein
Glaubensgespräch mit Muslimen sinnvoll sein soll.

Die Tatsache, daß Nikolaus von Kues versucht hat, biblische Gehalte in den Koran hineinzuinterpretieren, kann ihm nicht angelastet
werden. Er folgte damit uneingeschränkt dem, was christlicherseits
in der antiislamischen Polemik und Apologetik gang und gäbe war.
Doch Nikolaus ging durchaus auch eigene Wege. Seine weitere Interpretation von Koran 3,45, wo Christus nach der lateinischen
Übersetzung des Robert von Ketton als „facies omnium gentium"
(Antlitz aller Völker) bezeichnet wird, stellt das unter Beweis.

Jesus Christus: „das Antlitz aller Völker"
Bei der Übersetzung von Koran 3,45b ist Robert von Ketton allerdings ein schwerwiegender und – wie wir bei Cusanus sehen –

folgenschwerer Fehler unterlaufen. Der authentische Sinn jenes Ko-
ranverses ist folgender: „Als die Engel sagten: ‚O Maria, Gott verkündet dir ein Wort (kalima) von Ihm, dessen Name Christus Jesus,
der Sohn Marias ist: er wird angesehen (wadjih) sein im Diesseits
und Jenseits, und einer von denen, die in die Nähe (Gottes) zugelassen werden." Robert von Ketton nun hat das arabische „wadjih"
(angesehen) fälschlicherweise als „wadjh" (Gesicht) gelesen und
dementsprechend mit „facies" wiedergegeben. So erscheint dann
Christus als „facies omnium gentium".

Der Exegese dieses vermeintlich koranischen Christustitels wid-
met Nikolaus in der „Cribratio Alkorani" ein eigenes Kapitel. Schon
in seiner früheren Schrift „De pace fidei" hatte er auf diese Chri-
stus-Bezeichnung Bezug genommen, sowohl im 13. wie im 16. Kapitel.

In seiner „Sichtung des Korans" stellt Cusanus den vermeintlichen koranischen Christustitel in die heilsgeschichtliche Perspektive
des Alten und Neuen Testamentes: Indem der Koran Jesus als „facies
omnium gentium" bezeichne, drücke er das aus, was auch der Psal-
mist antizipierend über ihn ausgesagt habe: „Schön bist du wie keiner unter den Menschen, ausgegossen auf deinen Lippen ist Anmut:
so hat dich Gott gesegnet auf ewig (Psalm 45,3). Und mit Bezug auf
Mt 3,17 stellt Nikolaus von Kues fest, daß Christus der geliebte Sohn
Gottes sei, an dem der Vater sein Wohlgefallen habe.

Jesus Christus: „der größte Gesandte Gottes"
In einem weiteren Versuch, den Wahrheitsgehalt des Evangeliums
aus dem Koran zu eruieren, greift Nikolaus von Kues auf zwei Verse
aus der Sure „Die Sippe 'lmrans" zurück, auf Koran 3,45a und auf
Vers 48 f. Beide Stellen sind jedoch Fehlübersetzungen beziehungsweise Fehlinterpretationen durch Robert von Ketton.

Koran 3,45a: „Als die Engel sagten: ‚O Maria, Gott verkündet dir
ein Wort (kalima) von Ihm …'" gibt er wie folgt wieder: „… Maria,
dir wird mit dem Wort Gottes die Freude des höchsten Gesandten
(summi nuntii) zuteil …", und zu Koran 3,48 hat Robert von Ketton
V. 49 hinzugezogen und den Satz: „Ich bin mit einem Zeichen von
eurem Herrn zu euch gekommen" mit „cum divina virtute venien-
tem" (mit göttlicher Macht kommend) übersetzt."[10]

Cusanus baut darauf in der „Cribratio Alkorani" seinen sogenannten „Maximitätsbeweis" gegenüber den Muslimen auf.

Wenn – so Nikolaus – der Koran sagt, der höchste Gesandte Gottes selber sei mit der Kraft Gottes gekommen, dann sagt er damit

das Größte (maxima) von Christus aus. Die vermeintlichen koranischen Christusattribute im Hinblick auf seine menschliche Natur
– wie Nikolaus sie in der lateinischen Koranübersetzung vorfand –
bilden den Ausgangspunkt für den Aufweis der hypostatischen Ei-
nung in Christus.

Diese Argumentation – von maximalen Aussagen über Jesu
menschliche Natur ausgehend – ist der Kern des cusanischen Maxi-
mitätsbeweises gegenüber dem Nestorianismus und dem Islam, wie
er vor allem in „De pace fidei" c. 12 angewandt wird.[11] Auch die Wunder, die Jesus nach dem Koran gewirkt hat, haben geoffenbart, daß in
ihm dieselbe Macht ist, die in Gott-Vater ist, der ihn gesandt hat.
Daher muß man nach Cusanus auch dem Koran konzedieren, nicht
weniger von Christus aussagen zu wollen als die biblischen Schriften.

Hier zeigt sich neben der negativen Auswirkung der unzulängli-
chen lateinischen Koranübersetzung auch das cusanische Motiv der
„pia interpretatio", durch die Nikolaus selbst dort christliche Momente im Koran entdecken zu können glaubt, wo es koranisch gesehen nichts zu deuten gibt. Denn die koranische Position ist, was
die christologische Frage betrifft, eindeutig: Zwar ist Jesus Prophet
und Gesandter Gottes, nicht aber Gottes Sohn; auch ist er nach dem
Koran nicht der größte und höchste Gesandte; Abschluß und zugleich Höhepunkt der Prophetengeschichte ist Muhammad, das
„Siegel der Propheten" (Koran 33,40). Die Eindeutigkeit des Korans
in dieser Frage war Nikolaus durchaus bekannt. Im dritten Kapitel
des ersten Buches seiner „Cribratio Alkorani" bezeichnet er im Anschluß an Ricoldus de Monte Crucis die Leugnung der Gottessohnschaft Christi und seines Kreuzestodes als die eigentliche Intention
des Korans.[12]

In der Tat bestreitet der Koran nicht nur die Gottessohnschaft
Jesu, sondern negiert auch seinen Kreuzestod (Koran 4,157). Damit
stellt der Koran die christliche Soteriologie in Frage. Trotzdem meint
Nikolaus, auch Christi Mittlerrolle und soteriologische Funktion im
Koran bestätigt zu finden.

Jesus Christus: Mittler und Erlöser

Ausgangspunkt seiner Analyse ist hierbei das berühmte Gebet
Abrahams in Koran 2,127–129, genauerhin Vers 129: „Unser Herr,
laß unter ihnen einen Gesandten aus ihrer Mitte erstehen, der ihnen
deine Zeichen verliest und sie das Buch und die Weisheit lehrt und
sie läutert. Du bist der Mächtige, der Weise."

Das arabische Wort „rasul" (Gesandter) ist hier von Robert von

Ketton fälschlicherweise durch „mediator" (Mittler) wiedergegeben.[13] In dieser Formulierung sieht Cusanus die Bestätigung für die
koranische Akzeptierung der Mittlerrolle Christi. Vom Koran her
jedoch verbietet sich eine solche Deutung: Dieser Vers, in dem Abraham um einen Gesandten aus seiner eigenen Nachkommenschaft
bittet, kann nicht auf Jesus hin gedeutet werden. Vielmehr bittet
Abraham Gott um einen eigenen Gesandten aus der muslimischen
Gemeinschaft. Seine Bitte in Koran 26,84 um einen guten Ruf unter
den späteren Generationen wird in Koran 2,129 personal interpretiert: Muhammad selbst wird dieser „gute Ruf" sein, den Abraham
erfleht. Er ist der Prophet aus den eigenen Reihen, wie es wiederholt
im Koran heißt. Er ist es, der Gottes Verse verliest (tala), der in
klarem Arabisch Gottes Offenbarungen vorträgt.

Die Interpretation des Cusanus, mit dem von Abraham aus seiner
Nachkommenschaft erflehten Gesandten könne nur Jesus Christus
gemeint sein, läßt darüber hinaus die koranische genealogische Her-
leitung Muhammads von Abraham über Ismael außer acht und
macht ausschließlich die neutestamentliche Tradition zur Grundlage
ihres Verständnisses.

Abgesehen von dieser konkreten cusanischen Interpretation von
Vers 129 der zweiten Sure, ist jeder Versuch, jemandem vom Koran
her eine irgendwie geartete Mittlerrolle zwischen Gott und den
Menschen zuzuordnen, a priori zum Scheitern verurteilt. Denn der
Koran negiert jede Möglichkeit der Mittlerfunktion zwischen Gott
und Mensch durch einen Dritten. Einen Mittler gibt es nicht. Jeder
Mensch steht vor Gott allein. Denn keiner kann beim eschatologischen Gericht die Last des anderen tragen, und jeder wird das erhalten, was er auf Erden erstrebte.[14] Die Tatsache, daß der Koran
jede Mittlerschaft zwischen Gott und den Menschen rigoros ablehnt,
hängt mit seiner Negierung von Erbsünde und Erbschuld zusammen.
Von daher erübrigt sich jede Erlösungstheologie.

Dennoch sucht Nikolaus von Kues nach Ansätzen, auch den Muslimen die soteriologische Funktion Christi verständlich zu machen.
Seine Argumentation ist dabei folgende: Die Muslime glauben an
die Auferstehung und das ewige Leben. Nun aber kann auch nach
koranischer Auffassung kein sterblicher Mensch durch eigene Anstrengung unsterblich werden und somit von sich aus das ewige Leben erlangen.[15] Vielmehr supponiert das einen gottmenschlichen
Mittler und Erlöser.[16] Diese Argumentation, die zusammen mit dem
Maximitätsbeweis typisch cusanisch ist, hat B. Decker treffend als
„Präsuppositionsdialektik" bezeichnet.[17]

Nikolaus wendet dieses Verfahren in seiner theologischen Auseinandersetzung mit Muslimen und Vertretern anderer Religionen wiederholt an, um ihnen die Notwendigkeit der Menschwerdung Gottes
in Christus vor Augen zu führen. Besonders ausführlich expliziert
Cusanus diesen Gedankengang in seiner Schrift „De pace fidei" im
Gespräch zwischen Petrus und dem Syrer.[18] Auch in seiner „Sichtung
des Korans" greift Nikolaus auf diese Argumentationsfigur zurück,
und zwar im 19. Kapitel des III. Buches. Daraus erhellt, wie eng beide Schriften miteinander zusammenhängen, gerade was christologische Fragen betrifft.

e) Manuductiones ad trinitatem – Hinführungen zum Verständnis des christlich-trinitarischen Gottesbegriffs

Ein weiterer Schwerpunkt der „Cribratio Alkorani" liegt in der
kritischen Sichtung des muslimischen Gottesbegriffs. Zum Verständnis sei die koranische Position kurz vorausgeschickt: Muhammad
verstand sich als Hüter eines strikten Monotheismus. Trotz der Un-
nachgiebigkeit und Halsstarrigkeit seiner mekkanischen Landsleute,
die ihr traditionelles Pantheon nicht aufgeben wollten, bekannte sich
Muhammad mit Nachdruck zur Einzigkeit und Einheit Gottes. In
Koran 112 heißt es unmißverständlich: „Im Namen Gottes, des Er-
barmers, des Barmherzigen. Sprich: Er ist Gott, ein Einziger (ahad);
Gott, der Undurchdringliche (samad). Er hat nicht gezeugt und Er
ist nicht gezeugt worden; und niemand ist ihm ebenbürtig." Angesichts der hohen Verehrung, die die drei Lokalnumina al-Lat, al-'Uz-
za und Manat genossen, scheint Muhammad zunächst zwar noch den
Mekkanern gegenüber zu einem gewissen Kompromiß bereit gewesen zu sein. Bald darauf jedoch erklärte er sein tendenzielles Ein-
lenken als Einflüsterung des Teufels, nahm seine Worte zurück und
bezeichnete die drei Regionalgottheiten als bloße Namen, die die
Mekkaner erfunden hätten (vgl. Koran 53,19–23). Nie mehr sollte
er sich zu einem Zugeständnis in dieser Frage bereit finden. Koran
109 spricht das klar aus: „Sprich: O Ihr Ungläubigen, ich verehre
nicht, was ihr verehrt, auch ihr verehrt nicht, was ich verehre. Weder
ich werde verehren, was ihr verehrt habt, noch werdet ihr verehren,
was ich verehre. Ihr habt eure Religion, und ich habe meine Religion."

Ebenso strikt weist der Koran die christliche Trinitätslehre zurück:
„So glaubt an Gott und seine Gesandten. Und sagt nicht: Drei. Hört

auf, das ist besser für euch. Gott ist nur ein einziger Gott. Preis sei
ihm und erhaben ist er darüber, daß Er ein Kind habe. Er hat, was
in den Himmeln und was auf der Erde ist. Und Gott genügt als
Sachwalter" (Koran 4,171). – Allerdings gibt der Koran die christliche Trinitätsauffassung nicht authentisch und korrekt wieder (vgl. o.
S. 47). Er scheint den christlichen Dreifaltigkeitsglauben mißdeutet
zu haben und sich eine Trias aus Gott (Vater), Maria (Mutter) und
Jesus (Kind) vorzustellen (vgl. Koran 5,116). Von diesem Mißverständnis abgesehen, wendet sich der Koran gegen die Christen, die
sich zur Dreifaltigkeit Gottes bekennen, indem er sie bezichtigt, Gott
andere Götter beizugesellen (vgl. z. B. Koran 4,171 u. ö.).

Diesen koranischen Vorwurf gegen die Christen funktioniert Nikolaus von Kues im Anschluß an Ricoldus de Monte Crucis zum
Bumerang gegen die Muslime um: Nicht die Christen verehren meh-
rere Götter, sondern die Muslime, weil und insofern sie vom „Geist"
und „Wort" Gottes reden, ohne die Trinität anzuerkennen.

Wie wir allerdings gesehen haben, hat Cusanus den koranischen
Bedeutungsgehalt von „Wort" und „Geist" Gottes nicht erfaßt; vielmehr suggerierte er beiden Begriffen eine christliche Interpretation.

Um den Muslimen den Weg zum Verständnis des christlichen
Dreifaltigkeitsglaubens zu ebnen, zeigt sich Nikolaus von Kues besonders erfinderisch und phantasievoll. In den ersten elf Kapiteln
des zweiten Buches seiner „Cribratio Alkorani" eröffnet er anhand
der für ihn typischen „manuductiones ad trinitatem" neue Perspek-
tiven innerhalb der christlichen Auseinandersetzung mit dem Islam.
Dabei bedient sich Cusanus u. a. folgender Ternare:

„Mens–scientia–voluntas" (Geist–Wissen–Wollen), „fecunditas–
partus–amor" (Fruchtbarkeit–Geburt–Liebe), „unitas–aequalitas–
conexio" (Einheit–Gleichheit–Verknüpfung) – übrigens grundlegend für seine Trinitätslehre –, „ego–tu–ille" (ich–du–er) sowie
„fons–fluvius–stagnum" (Quelle–Strömung–Stillstand).[19]

Diesen letzten Ternar wollen wir herausgreifen, um im Rahmen
unserer knappen Ausführungen wenigstens eine der vielfältigen
„manuductiones ad trinitatem" vorzustellen.

Wie sehr Nikolaus danach verlangte, im Spiegel des kreatürlichen
Seins das zu schauen, was aus dem Glauben gewußt wird, zeigt deutlich sein Bemühen im neunten Kapitel des II. Buches, in einem – wie
er sagt – „wenn auch nur entfernten Gleichnis der geheiligten Dreifaltigkeit" den Muslimen eine weitere „manuductio ad trinitatem"
zu bieten, „bis unser Verstand genügend geschult ist".[20]

In diesem Bemühen wird noch einmal die zutiefst religiöse Ver-

wurzelung cusanischer Weltbetrachtung und -deutung transparent,
die in allen Kreaturen die Spuren des dreieinen Gottes zu entdecken
vermag: Ein großes Wasser ohne Zu- und Abfluß trocknete nie aus
und verschmutzte auch nie. Die Ursache dafür war eine Quelle in
der Mitte des Wassers. Obwohl das Wasser an den Ufern stillstand,
regenerierte es sich ständig von innen her aus dieser Quelle. Das
Wasser war somit Quelle (fons), Strömung (fluvius) und Stillstand
(stagnum) zugleich: alle drei machten ein und dasselbe Wasser aus,
wenn sie auch untereinander nicht dasselbe waren. Mittels des Ter-
nars „unitas, aequalitas, conexio" – „Fons unitas, fluvius aequalitas,
nexus utriusque stagnum" (die Quelle entspricht der Einheit, der
Strom der Gleichheit und die Verbindung beider dem Stillstand) –
versucht Cusanus das von ihm herangezogene Gleichnis trinitarisch
zu deuten.[21]

„Wenn ich, vom Gleichnis absehend, zur Welt des Ewigen aufstie-
ge, würde ich sie in noch wahrerer Weise als dreifaltig und eine be-
greifen als dieses sichtbare Wasser ... Ich sagte mir, daß auch im
Koran geschrieben steht: 'Aus dem Wasser kommt alles Lebendige.'
Wenn also dieses Wasser allen Bäumen, Saaten und Gräsern ringsum
Leben und Gedeihen schenkt, ohne sich zu vermindern, um wieviel
mehr wird dann der Schöpfer dieses Wassers allen Geschöpfen alles
schenken, ohne sich selbst zu vermindern – indem man die absolute
Wesenheit im übertragenen Sinne als Wasser bezeichnet, in dem ich
Quelle, Strom und Stillstand sah, [jene absolute Wesenheit], von der
alles, was ist, das empfängt, was es ist: sowohl das, was bloß ist, als
auch das, was ist und lebt, als auch das, was ist, lebt und denkt."[22]

f) Möglichkeiten und Grenzen des cusanischen Glaubensgesprächs mit den Muslimen

Fassen wir zum Schluß unsere Analyse des cusanischen Glaubens-
gesprächs mit den Muslimen zusammen:
1. Nikolaus von Kues hat in seiner Auseinandersetzung mit der
   Theologie des Korans immer wieder nach Möglichkeiten und Wegen gesucht, den Muslimen die unio hypostatica (Einheit von
   Gottheit und Menschheit) in Jesus Christus und den christlichen
   Trinitätsglauben zu veranschaulichen.
2. In seiner Überzeugung, dafür Anhaltspunkte im Koran selbst zu
   finden, suggerierte er zahlreichen koranischen Aussagen ein
   christliches Verständnis.

3. Die Unzulänglichkeit der lateinischen Koranübersetzung hat diesem illegitimerweise an den Koran herangetragenen Vorverständnis Vorschub geleistet.

4. Die inhaltliche Angleichung koranischer Aussagen an christliche Vorstellungen unterschätzt beziehungsweise verkennt die Eigenständigkeit koranischer Theologie, ihr Selbstverständnis und ihre eigene Sinndeutung.

Damit kommt im cusanischen Glaubensgespräch mit den Muslimen jene Voraussetzung zu kurz, die für einen Dialog unabdingbar ist, die Voraussetzung nämlich, den Koran aus sich heraus zu verstehen, d. h. den genuin koranischen Sinn der Suren zu erfassen, von den polemischen Passagen in der „Sichtung des Korans" einmal ganz abgesehen.

2. Martin Luthers Islamverständnis

a) „... weil eben der Tuerck uns nahe koempt ..." – die Angst vor der osmanischen Bedrohung

Während sich zur Zeit der Reformation die Christen in Europa stritten und gegenseitig befehdeten, nutzte der osmanische Sultan die Gunst der Stunde, um zu einem Schlag gegen Europa auszuholen. Rufen wir uns in Erinnerung: Belgrad fiel 1521, Rhodos 1523, und am 24. Juli 1526 wurde Ludwig II. von Ungarn geschlagen. 1529 stand Wien vor der Belagerung, Budapest wurde 1541 schließlich erobert. Nach der osmanischen Annexion Ungarns (1541) verlagerten sich die Auseinandersetzungen auf das Mittelmeer, wo die Osmanen sich zu einer gefürchteten Seemacht entwickelten. 1537–1541 wurden die Venetianer aus ihren Besitzungen in der Ägäis vertrieben, mit Zypern fiel der letzte christliche Stützpunkt in der Levante.

Auf dem Hintergrund dieser politischen und militärischen Situation ist die Position Martin Luthers zum Islam zu sehen.[23] „... weil eben der Tuerck uns nahe koempt ...", so hatte er seine Schrift „Vom kriege widder die Türken" aus dem Jahre 1529 in seiner Widmung an den Landgrafen Philipp von Hessen begründet[24] und damit zugleich jene Angst ausgesprochen, die Europa allenthalben erfaßt hatte: die Angst vor der sog. Türkengefahr.

b) Luthers theologische Argumentation
gegen den Islam als politische Macht

Durch die politischen Umstände seiner Zeit sah sich Martin Luther genötigt, in mehreren sog. Türkenschriften gegen die politische und militärische Macht des Islams Stellung zu nehmen. Derartige Türkenschriften waren damals häufig; sie bildeten gleichsam ein eigenes genus litterarium. Sowohl Luthers Arbeit „Vom kriege widder die Tuercken"[25] als auch seine „Heerpredigt widder den Tuercken"[26] – beide erschienen 1529 – waren situationsbedingt. Bereits 1529 hatte er in seiner Schrift „Ob Kriegsleutte auch ynn seligem stande seyn kuenden"[27] seinen Plan angekündigt, „auch vom Turkisschen kriege"[28] etwas zu sagen. „Aber weil der Turck widder heym ist und unser Deudschen nu nicht mehr dar nach fragen, ists noch nicht zeit davon zuschreiben."[29] 1526, als König Ludwig II. in der Schlacht bei Mohacz gefallen war – Luther wandte sich damals in einem Trostschreiben an die Witwe des Königs[30] –, trat eine politische Wende ein: Nunmehr hatte der osmanische Sultan Süleyman den Weg nach Wien frei. Als die Bemühungen Ferdinands von Österreich, ihm per Gesandtschaft gute nachbarschaftliche Beziehungen anzubieten, ergebnislos verlaufen waren, wuchs in Deutschland die Angst vor einem weiteren osmanischen Vorstoß. In dieser angespannten Situation entschloß sich Martin Luther, seine 1524 in Aussicht gestellte Arbeit zur militärischen Auseinandersetzung mit den Osmanen in die Tat umzusetzen.

Die Türkengefahr als Strafe Gottes
Der Türke „ist Gottes rute und des Teuffels diener, das hat keinen Zweifel"[31], so urteilte Luther 1529 in seiner Schrift „Vom kriege widder die Türcken". Diese theologische Wertung der Türkengefahr war zu einem Streitpunkt zwischen ihm und Rom geworden. Bereits 1518 hatte Luther in seinen „Resolutiones disputationum de indulgentiarum virtute" – sie verstehen sich als Erläuterung und Verteidigung seiner 95 Thesen vom 31. Oktober 1517– in der Conclusio V die osmanische Bedrohung als Strafe Gottes interpretiert.[32] Diese Auffassung wurde am 15. Juni 1520 von Papst Leo X. in seiner Bulle „Exsurge Domine" zurückgewiesen und als irrig verurteilt.[33] Luther verteidigte daraufhin seine Ansicht 1520 in seiner „Assertio omnium articulorum D. M. Lutheri per Bullam Leonis X. novissimam damnatorum".[34] Er unterstrich erneut seine Beurteilung der Türkengefahr als Strafgericht Gottes. Ungefähr gleichzeitig mit der lateini-

schen Erwiderung auf die päpstliche Bulle „Exsurge Domine" bereitete Martin Luther eine Schrift in deutscher Sprache vor, die sich mit derselben Thematik befaßte: „Grund und ursach aller Artickel D. Marti. Luther, szo durch Romische Bulle unrechtlich vordampt seyn".[35] Sie erschien 1521. Darin erinnert Luther an die leidvollen Erfahrungen, die die Christen in der militärischen Auseinandersetzung mit der osmanischen Macht haben durchstehen müssen. Er klagt Rom an, auf dessen Geheiß und Initiative diese verheerende Militärpolitik durchgesetzt worden sei. Dann präzisiert Luther seine These: „Widder die Tuercken streiten ist nit andersz denn widder Got streben, der durch den Turcken unszer sund strafft".[36] Er schreibt dazu: „Nu hab ich dyssen Artickel nitt alzo gesetzt, das wydder den Turcken nit zu streitten sey, szondern wyr solten zuvor unsz bessernn und eynen gneydgen got machen."[37] Die für Luther so existentielle Frage nach einem gnädigen Gott kommt auch hier zum Durchbruch. Die Frage nach der Rechtfertigung ist auch hier mitentscheidend: „denn was unter eynem ungnedygen got streytten sey auch wyder die vordienten feyndt, weyssen unsz wol die historien des alten Testaments".[38] Voraussetzung für ein militärisches Vorgehen ist die Einsicht in die Notwendigkeit der eigenen Umkehr und Buße, um Gott zu versöhnen. „Ich bedinge hie aber mal, das ich niemand reitzen noch heissen wil widder den Turcken zu streiten, es sey denn, das die erste weise zuvor gehalten werde ..., das man zuvor busse und Gott versune."[39]

Aus Luthers Einschätzung der Türkengefahr als Strafgericht Gottes resultiert seine Mahnung zum Gebet und zur Buße. Im Auftrag des Kurfürsten Johann Friedrich von Sachsen verfaßte er 1541 die „Vermanunge zum Gebet Wider den Türcken".[40] Schon in seinen beiden Türkenschriften aus dem Jahre 1529 hatte er wieder und wieder zum Gebet und zur Buße aufgerufen: „Die Pfarher und prediger sollen ein iglicher sein volck auffs aller vleyssigst vermanen zur busse und zum gebet."[41]

Absage an die Kreuzzugspolitik

„Wollen wir es nicht aus der schrifft lernen, so mus uns der Tuerck aus der scheiden leren bis wir erfaren mit schaden, das christen nicht sollen kriegen noch dem ubel widder stehen" – das schrieb Martin Luther 1529 in seiner Schrift „Vom kriege widder die Türcken".[42] Damit distanzierte er sich von einer Kreuzzugspolitik, die seit 1096 fester Bestandteil in der abendländischen Auseinandersetzung mit dem Islam war. Zwar gehörte die Kreuzzugseuphorie längst der Vergangenheit an, Kreuzzugsmüdigkeit, Lethargie und Desinteresse waren ihr gefolgt. Das Problem jedoch, um das es ging, war geblieben: die Macht des Islams. Geblieben war auch die Uneinigkeit über die Strategie der Auseinandersetzung mit den Muslimen. Befürworter und Gegner der Kreuzzugspolitik hatten sich ebenso hartnäckig wie konsequent zu Wort gemeldet: Eloquente Verfechter einer militärischen Lösung wie Bernhard von Clairvaux, Joachim von Fiore, Jean Germain, Enea Silvio Piccolomini auf der einen, Vertreter einer intellektuellen Lösung wie Petrus Venerabilis, Roger Bacon, John Wiclif, Johannes von Segovia, Nikolaus von Kues auf der anderen Seite.

Welche Position nahm Martin Luther ein? Hören wir ihn selbst: „wenn ich ein kriegs man were", so sagt er, „und sehe zu felde ein Pfaffen – odder creuetz pannier, wenns gleich ein crucifix selbs were so solt ich davon lauffen als iagt mich der Teueffel …".[43] Krieg im Namen Christi, Krieg im Zeichen des Kreuzes ist – so Luther hier – nicht mit dem Friedensindikativ in Mt 5,38 ff. vereinbar. Das bedeutet nun nicht, daß jedweder Krieg gegen die Türken grundsätzlich verboten und untersagt sei. Doch stellt Luther hierfür zwei unverzichtbare Bedingungen: 1. Ein solcher Krieg ist im Namen des Kaisers, unter seiner Oberhoheit und seinem Kommando zu führen. 2. Ein solcher Krieg muß die Notwendigkeit der Selbstverteidigung zum Schutz des Landes und seiner Bürger zur unabdingbaren Voraussetzung haben.[44] Nicht der Krieg gegen die Türken als solcher wird von Luther verworfen, sondern ein Krieg „unter christlichem namen widder den Tuercken".[45] Die politisch Verantwortlichen hingegen führen nach ihm einen derartigen Krieg nicht als Christen, sondern in ihrer Pflicht als Obrigkeit: „so hab ich geraten und rate noch also, das wol ein iglicher sich vleissigen sol ein Christen zu sein, willig und bereit zu leiden vom Tuercken und ydermann. Aber solle nicht streiten als ein Christen odder unter eins Christen namen, Sondern las deinen Weltlichen oeberherrn kriegen. Unter desselbigen panier und namen soltu reisen als ein weltlicher untersass nach dem leibe der seinem oeberherrn geschworn ist mit leib und gut gehorsam zu sein, das wil Gott von dir haben …".[46] Luthers Lehre von den zwei Regimentern, seine strikte Trennung zwischen geistlicher und weltlicher Macht, wie er sie 1523 in seiner Schrift „Von welltlicher Überkeyyt, wie weyt man yhr gehorsam schuldig sey"[47] dargelegt hatte, war zweifellos mitentscheidend für seine Absage an die Kreuzzugspolitik. Hinzu kam als weiteres Motiv seine theologische Wertung der osmanischen Bedrohung als Strafe Gottes. Rückschau-

end läßt sich sagen: Insofern Martin Luther die Kreuzzugsstrategie
in Form eines religiös motivierten ("geistlichen") Krieges mißbillig-
te, stand er auf der Seite der Kriegsgegner; insofern er aber einen
politisch motivierten ("weltlichen") Krieg der politischen Obrigkeit
anheimstellte – er favorisierte damit die spätere Freisetzung und
Verselbständigung profaner Direktiven –, schloß auch er ein militärisches Vorgehen – allerdings unter anderem Vorzeichen – nicht
aus.[48]

c) Luthers theologische Argumentation
gegen den Islam als religiöse Kraft

Systematisch hat sich Martin Luther nicht mit dem Islam als religiösen Faktor befaßt. Seine Türkenschriften von 1529 sind zunächst
einmal politisch bedingte Gelegenheitsarbeiten, die – ebenso wie
seine Briefe aus dieser Zeit – die politischen Ereignisse kommentie-
rend widerspiegeln. Hatte er in seiner Schrift "Vom kriege widder
die Türcken" seine strategische Option in der Auseinandersetzung
mit der osmanischen Bedrohung darzulegen versucht und der
Kreuzzugspolitik eine Absage erteilt, so ist seine zweite Türken-
schrift, die "Heerpredigt widder den Tuercken" weit mehr als die
erste ein Mahnruf an das deutsche Volk, der offensichtlichen Türkengefahr standzuhalten. Die Intention der Schrift ergibt sich aus
ihrer vorgegebenen Zweiteilung: "Daruemb wil ich diese predigt ynn
zwey stueck teylen, zuerst die gewissen unterrichten, darnach auch
die faust vermanen."[49] Der erste Teil dient der Unterrichtung, wie
Luther sagt, "das man gewis sey, Was der Tuercke sey und wofuer er
zurhalten sey nach der schrifft".[50] Dieser Teil ist hier von Interesse.

Die Deutung des Islams als endzeitliche Macht
Auf der Grundlage biblisch-apokalyptischer Weissagungen hat
Martin Luther versucht, den Islam theologisch als endzeitliche
Macht zu deuten. Neu war dieser Versuch in seinem Kern nicht.
Hatten nicht schon im muslimisch okkupierten Spanien des 9. Jahrhunderts Eulogius, Titularbischof von Toledo, und Paul Avarus, ein
Laie aus Cordoba, die Herrschaft des Islams als Vorbereitung auf
das eschatologische Kommen des Antichrist verstanden? Und hatte
nicht im 12. Jahrhundert Joachim von Fiore auf seine Weise diese
apokalyptischen Visionen aktualisiert? Auch ihm galt der Islam, dessen Macht er in Spanien unter den Almohaden und in Palästina
unter Salâhaddîn ibn 'Ayyub erneuert sah, als Werkzeug des Anti-

christ. Doch damit nicht genug, mehr noch: Der endzeitliche Antichrist lebe bereits, in Rom, wie er meinte, und werde einmal den
päpstlichen Thron besteigen, also gleichsam als Frucht von innen aus
dem Schoß der Kirche erwachsen, und der Islam sei sein Vorbote.

Den aktuellen Hintergrund für die Deutung Martin Luthers dürften die Gespräche abgeben, die er zusammen mit Melanchthon in
Marburg und Eisenach mit Friedrich Mykonius geführt hatte. „Von
seltsamen Weissungen des Franziskanermönchs Johannes Hilten hatte er ihnen erzählt, der schon vor Jahren in Daniels dunklen Prophe-
zeiungen die Türkennot habe vorausgesagt gefunden."[51] Davon be-
eindruckt, deutet nun Luther seinerseits den Islam als eine endzeitliche Macht: „Denn der teuffel sucht durch seinen zeug den
Tuercken, freilich nicht allein die weltliche herschaft, sondern auch
das reich Christi und seine heiligen und glieder, vom glauben zu
stossen, wie Daniel sagt am siebenden Capitel."[52] Es geht also nicht
mehr nur um den Islam als militärpolitische Macht, sondern auch
um den Islam als religiöse und spirituelle Kraft.

Vom inneren zum äußeren Feind

In den apokalyptischen Visionen des Buches Daniel vermeinte Luther, die Widersacher des christlichen Glaubens wiederzuerkennen zu
können: „Denn die schrift weissagt uns von zweyen grausamen Tyran-
nen, welche sollen fuer dem iuengsten tage die Christenheit verwuesten und zurstoeren. Einer geistlich mit listen odder falschem Gotts
dienst und lere widder den rechten Christlichen glauben und Euangelion. Davon Daniel schreibt am eylfften Capit. das er sich sol erhe-
ben über alle Goetter und über alle Gottes dienst etc. (Dan. 11,36 f.).
Welchen auch Sanct Paulus nennet den Endchrist ynn der ander Epi-
stel zu den Thessalon. am andern Capit. (2 Thess 2,3). Das ist der
Babst mit seinem babstum, davon wir sonst gnug geschrieben. Der
ander mit dem schwerd leiblich und eusserlich auffs grewlichst, davon
Daniel am siebenden Capit. gewaltiglich weissagt (Dan 7,25). Und
Christus Matthej am vier und zwentzigsten Cap. von einem truebsal,
des gleichen auff erden nicht gewest sey (Mt 24,21), das ist der Tuercke.
Also mus der teuffel, weil der welt ende fuerhanden ist, die Christenheit zuvor mit beyder seiner macht auffs aller grewlichst angreiffen
und uns die rechte letze geben, ehe wir gen himel faren."[53] Damit sieht
Luther den christlichen Glauben im Zangengriff eines schrecklichen
äußeren und eines noch subtileren inneren Feindes. Um gegen den
äußeren Feind gerüstet zu sein, muß sich die Christenheit erst einmal
von ihrem inneren Feind befreien.[54] Papsttum und Islam liegen für

Luther auf der gleichen antichristlichen Ebene: „Er (d. h. der Türke) ist auch Papistisch, Denn er gleubt durch werck heilig und selig zu sein Und helts fur keine sunde Christum verstoeren, Oberkeit verwuesten, die ehe vernichten, Welche drey stuck der Bapst auch treibt, doch mit anderley weise, nemlich mit heucheley, wie der Turcke mit gewalt und schwerd."[55] Weil Luther im Papsttum und im Islam gleichermaßen die Widersacher des christlichen Glaubens sieht, gilt es beiden zu widerstehen.[56] Schon in seiner Schrift „An den Christlichen Adel deutscher Nation von des Christlichen Standes besserung"[57] aus dem Jahre 1520 hatte Luther ausgeführt: „Wollen wir widder die Turcken streytten, szo lasset uns hie anheben, da sie am allerergistenn sein..."[58] Da Luther den Papst für den ärgsten Feind der Christenheit hielt, sah er in ihm und nicht im Stifter des Islams den Antichrist: „Und ich halt den Mahmet nicht fur den Endechrist, Er machts zu grob und hat einen kendlichen schwartzen Teuffel, der weder Glauben noch vernunfft betriegen kan, Und ist wie eine Heide, der von aussen die Christenheit verfolget, wie die Roemer und andere Heiden gethan haben... Aber der Bapst bey uns ist der echte Endechrist, der hat den hohen, subtilen, schoenen, gleissenden Teuffel, der sitzt inwendig in der Christenheit..."[59]

Hatte nicht Joachim von Fiore eine ähnliche apokalyptische Vision entwickelt? Den Antichrist ausfindig zu machen, war im späteren Mittelalter ein beliebtes Thema. Auch Wiclif, Hus und ihre Anhänger haben versucht, den Antichrist in ihrer Zeit aufzuspüren. Im Kontext dieser geistes- und kulturgeschichtlichen Strömungen ist Luthers Polemik gegen Papsttum und Islam zu sehen. Daraus erklärt sich zugleich deren Parallelisierung, wie sie nochmals zum Ausdruck kommt, wenn Luther schreibt: „So mochts auch wol an dem sein, was der Tuerck, gleich wie der Bapst in fal komen wuerde, Denn die zwey Reiche des Bapsts und der Tuercken sind die letzten zwen grewel und Gottes zorn', wie sie Apocalip. nennet (Apk 15,1), den ‚falschen Propheten' und ‚das Thier', und mussen miteinander ergriffen und ‚in den feurigen pful geworfen werden' (Apk 19,20)."[60]

Konsequenzen der Islamdeutung bei Luther

Das Erscheinen der muslimischen Osmanen auf europäischer Bühne bedeutete für Martin Luther nicht nur ein militärisches Problem, sondern ebensosehr eine religiöse Herausforderung. Zwar hielt er Muhammad nicht für den zu erwartenden Antichrist, gleichwohl sah er in ihm und seiner Religion eine entscheidende Macht der Endzeit. Und so zweifelte er nicht daran, daß diese Endzeit nunmehr

angebrochen sei. Da aber letztlich der christliche Glaube obsiegen
werde, sei mit dem Ende der politisch-religiösen Macht des Islams
zu rechnen: „Die Turcken werden auch yhren stosser finden, sol die
welt lenger stehn."[61] Weil der Islam in den Augen Luthers eine endzeitliche antichristliche Macht darstellt, fiel seine Polemik gegen Muhammad und den Koran entsprechend hart und drastisch aus.

„Aber wie der Bapst der Endechrist, so ist der Tuerck der leib-
hafftige Teuffel", so Martin Luther in seiner Schrift „Vom kriege
widder die Türcken".[62] Rekurrierend auf Joh 8,44, „Das der teuffel
sey ein luegener und moerder: Mit der luegen toedtet er die seelen,
Mit dem mord den leib"[63], schreibt Luther in bezug auf Muhammad:
„Also da den Mahometh der luegen geist besessen und der Teuffel
durch seinen Alkoran die seelen ermordet, den Christenglauben verstoeret hatte, muste er wol fort und auch das schwerd nemen und
die leibe zu morden angreifen. Und also ist der Turckissche glaube
nicht mit predigen und wunderwerck, sondern mit dem schwerd und
morden so weit kommen ..."[64]

Zwei in der traditionellen Polemik gegen Muhammad und den
Koran bekannte Vorwürfe greift Luther hier auf:
1. Der Teufel ist der Anstifter Muhammads und der Koran sein
   Werk.[65] Auf diese Weise sollte die vom Koran behauptete Authentizität der prophetischen Sendung Muhammads entkräftet und die
   koranische Auffassung widerlegt werden, wonach Gott der eigentliche Urheber des Korans ist. Denn nur Gott als alleiniger Autor
   des Korans – so das islamische Verständnis – konnte ein derartiges
   Werk vollbringen. Und diese seine Unüberbietbarkeit liegt nicht
   nur in seiner literarischen Schönheit, seiner arabischen Sprache,
   seinem Rhythmus und Stil, sondern vor allem in seiner göttlichen
   Herkunft. Weil Wort Gottes, trägt der Koran die untrüglichen
   Merkmale seiner Authentizität in sich selbst.
2. Die Ausbreitung des Islams ist das Ergebnis kriegerischer Aktionen. Diese These haben die christlichen antiislamischen Polemiker
   ebenfalls wieder und wieder vertreten. Martin Luther macht da
   keine Ausnahme: „... es wird yhm yhrem gesetz gebotten als ein
   gut Goettlich werck", schreibt er, „das sie rauben, morden und
   ymer weiter umb sich fressen und verderben sollen, wie sie denn
   auch thun und meinen, sie thun Got einen dienst dran".[66] Luther
   bezieht sich hier auf die islamische Theorie und Praxis des djihad,
   was volkstümlich allgemein als „Heiliger Krieg" bezeichnet wird.
   Etymologisch meint djihad jedoch den Eifer, den der Gläubige

auf „Gottes Weg" – so formuliert der Koran[67] – aufbringt: „das Sich-Abmühen auf dem Wege Gottes" (al-djihad fî sabîli llah). Bald nach Muhammads Übersiedlung von Mekka nach Medina hat sich das „Sich-Abmühen auf dem Wege Gottes" in der Auseinandersetzung mit den Ungläubigen in kriegerischen Unternehmungen konkretisiert und ausgewirkt. Durch die Emigration (Hidjra) von Mekka nach Medina seiner Sippe und seinem Stamm entwurzelt, versuchte Muhammad in Medina eine neue Gemeinschaft aufzubauen, indem er die mit ihm ausgewanderten Mekkaner und die neu hinzugewonnenen medinischen Glaubensgefährten zur „islamischen Gemeinschaft", zur „umma al-islamiyya" zusammenschloß. Sie war gehalten, mit eben denselben Mitteln ihre Existenz zu sichern wie die benachbarten Stämme, d. h., daß das neugeschaffene muslimische Gemeinwesen von Medina somit zwangsläufig in die Rolle einer politisch-kämpfenden Machtgruppe hineingewachsen ist.

Als satanische Macht zerstört der Islam nach Luther nicht nur den christlichen Glauben, „sondern auch das ganz weltlich Regiment"[68] – für Luther eine logische Konsequenz der oben genannten Vorwürfe: „Wie nu die luegen verstoeret den geistlichen stand des glaubens und der warheit, Also verstoeret der mord alle weltliche ordnung, so von Gott eingesetzt."[69] Luthers Unterscheidung und Trennung zwischen geistlicher und weltlicher Macht, seine Lehre von den zwei Regimentern hat er illegitimerweise auf den Islam übertragen. Denn der Islam versteht sich originär, von seiner ursprünglichen Genese her, als religiöse und politische Gemeinschaft zugleich: al-Islam dîn wa dawla. Religiöse, politische und kulturelle Gemeinschaft sind eins. Das Staatsvolk ist das Gottesvolk, das religiöse Gesetz – sharî'a – Staatsgesetz. Religion und Politik sind untrennbar miteinander verflochten.[70] Die derzeitigen Entwicklungen und Strömungen, vor allem fundamentalistischer Provenienz, bestätigen dieses Selbstverständnis.

3. Des weiteren kritisiert Luther die islamischen Ehevorschriften: „Das dritte stuecke ist, das des Mahomets Alkoran den ehestand nichts acht ..."[71] – Um ein geordnetes Geschlechts-, Ehe- und Familienleben zu sichern, schreibt der Koran vor, alle heiratsfähigen Frauen und Männer der islamischen Gemeinschaft zu verheiraten (vgl. Koran 24,32). Die Zahl der legitimen Frauen, die ein Mann gleichzeitig heiraten darf, hat der Koran auf vier begrenzt (vgl. Koran 4,3), vorausgesetzt allerdings, daß der Mann seine Frauen gerecht behandelt, was aber nach koranischer Einschät-

zung nur schwer oder kaum gelingen dürfte (vgl. Koran 4,129).
Über die Ehe hinaus dürfen die Männer auch sexuellen Umgang
mit ihren Konkubinen unter ihren Sklavinnen haben (vgl. Koran
70,29 f.; 23,5 f.). Eine solche Ehemoral – so Luther – verkennt das
Wesen der Ehe, wenn „yderman zu gibt weiber zu nemen wie viel
er wil … Solch wesen ist aber keine ehe und kan kein ehe sein,
weil keiner ein weib der meynung nimpt odder hat, ewiglich bey
yhr zu bleiben als ein Leib, wie Gottes Wort spricht Gen. 3."[72]

d) Das unterscheidend Christliche
in der theologischen Auseinandersetzung mit dem Islam

In seiner „Heerpredigt widder den Tuercken" faßt Luther das unterscheidend Christliche in der theologischen Auseinandersetzung
mit dem Islam zusammen; es besteht nach ihm in jenem Glaubensartikel, in dem das Bekenntnis zu Jesus Christus seinen Ausdruck
gefunden hat: „Und an Jhesum Christ seinen einigen Son unseren
Herrn, der empfangen ist vom heilgen geist, geborn von der jungfra-
wen Maria, gelitten unter Pontio Pilato, gecreutzigt, gestorben und
begraben, Nidder gefaren zur hellen, Am dritten tag auferstanden
von den todten, auffgefaren gen hymel, sitzend zur rechten Gottes
des allmechtigen Vaters, von dannen er komen wird zu richten die
lebendigen und die todten etc."[73] Hier kommt nach Luther das unterscheidend Christliche zum Tragen: „Denn an diesem artickel ligts,
von diesem artickel heissen wir Christen und sind auch auff den
selbigen durchs Euangelion beruffen, getaufft und ynn die Christenheit gezelet und angenommen, und empfahen durch den selbigen
den heiligen geist und vergebung der sunden, dazu die aufferstehung
von den todten und das ewige leben. Denn dieser artickel macht uns
zu Gottes kinder und Christus bruder, das wir yhm ewiglich gleich
und mit erben werden."[74] Das *christologische* Bekenntnis als das
Herzstück christlicher Theologie ist das eigentliche Unterschei-
dungskriterium, die „Krisis" des christlichen Glaubens. Denn „durch
diesen artickel" – so Luther – „wird unser glaube gesondert von
allen andern glauben auff erden. Denn die Jueden haben das nicht,
die Tuercken und Sarracener auch nicht …"[75] Weil das Christusbe-
kenntnis die zentrale christliche Glaubensaussage ist, der Islam aber
seinerseits dieses grundlegende Bekenntnis verwirft, sind für Martin
Luther die theologischen Gemeinsamkeiten zwischen Christentum
und Islam denkbar gering, ja reduzieren sich sogar auf eine einzige

Glaubensaussage: „Welchem frumen Christlichen Hertzen wolt nu nicht grawen fur solchem feinde Christi, Weil wir sehen das der Tuercke keinen artickel unseres glaubens stehen lest on den einigen von der todten aufferstehung?"[76]

Bei aller Wertschätzung, die Jesus im Koran genießt, ist nach Luther zu bedenken, daß Jesu Gottessohnschaft negiert werde: „... so lobt er wol Christum und Mariam fast seer, als die alleine on sunde seyn, Aber doch helt er nichts mehr von yhm denn als von eim heiligen Propheten, wie Heremias odder Jonas ist, Verleugnet aber das er Gottes son und rechter Gott ist".[77]

Daß der Koran die Gottessohnschaft Jesu bestreitet, steht außer Frage. In Koran 4,171 heißt es: „O ihr Leute des Buches, übertreibt nicht in eurer Religion und sagt über Gott nur die Wahrheit. Christus Jesus, der Sohn Marias ist doch nur der Gesandte Gottes ..."[78] Desgleichen wird die Kreuzigung Jesu in Frage gestellt. Gegen die Juden – so die koranische Version –, die behaupten: „Wir haben Christus Jesus, den Sohn Marias, den Gesandten Gottes, getötet" (Koran 4,157), erklärt der Koran: „Sie haben ihn aber nicht getötet, und sie haben ihn nicht gekreuzigt ..." (ebd.). Hier liegt u. E. das entscheidende und ausschlaggebende theologische Moment, weswegen Martin Luther derart negativ den Islam beurteilte. Denn was für ihn – Luther – persönlich die existentielle Sinnmitte seines Lebens und zugleich der Kernpunkt seiner Theologie war, nämlich die im Kreuzestod Jesu verankerte *theologia crucis* sowohl in ihrem praktischen Vollzug durch eigenen Eintritt in die Situation des Kreuzesleidens als auch von ihrem Inhalt her in ihrer Hinführung zur Erkenntnis Gottes, des Vaters, durch Christus als den Gekreuzigten, dafür bot und bietet der Koran keinen Anhaltspunkt. „Da ist Christus kein Erlöser, kein Heiland, König, kein vergebung der sunden, kein gnad noch heiliger geist"[79], klagt Luther. „Da ist Vater, Son, heiliger geist, Tauffe, Sacrament, Euangelion, glaube und alle Christliche lere und wesen dahin, Und ist an stat Christi nichts mehr, denn Mahometh mit seiner lere von eigen wercken und sonderlich vom schwerd: das ist das heubtstueke des Tuerckisschen glauben ..."[80]

Sofern Martin Luther dem Islam trotzdem positive Seiten abgewinnen kann, beziehen sie sich auf das Verhalten der Muslime, das ihm in mancherlei Hinsicht vorbildhaft erscheint.[81] Doch all das fällt für ihn letztlich in den Bereich aktiver Werkgerechtigkeit, „ist eitel schein und hilfft nichts".[82] „Denn" – so Luther – „du findest auch ynn diesem stuecke deinen Christum nicht. Was hilfft denn solch schoen ding, so es ausser und widder Christum ist?"[83]

e) Luthers Interesse am Islam – eine Rückschau

Die damalige sogenannte Türkengefahr war für Martin Luther das auslösende Moment, sich mit dem ihm fremden Phänomen Islam zu beschäftigen. Lange Zeit hatte er sich danach gesehnt, den Koran selbst kennenzulernen und einzusehen, so schrieb er 1542 in seiner Vorrede zur Übersetzung der Arbeit „Contra legem Saracenorum" des Orientmissionars aus dem 13. Jahrhundert Ricoldus de Monte Crucis.[84] Schon 1530 hatte er geäußert, daß er den Koran gern lesen würde.[85] Dazu kam er nach eigenen Angaben allerdings erst Fastnacht (21. Februar) 1542: „Aber itzt diese Fastnacht hab ich den Alcoran gesehen Latinisch, doch sehr uebel verdolmetscht, das ich noch wuenschet einen klerern zusehen."[86] Das heißt also, wenn wir Luther recht verstehen, daß er 1542 erstmals ein lateinisches Koranexemplar eingesehen und gelesen hat: Daß er offensichtlich schon wesentlich früher im Besitz lateinischer Koranmanuskripte oder zumindest -exzerpte war, ergibt sich aus seiner Schrift „Vom kriege widder die Türcken" von 1529. Dort ist zu lesen: „Ich habe des Mahomets Alkoran etlich stueck, welchs auff deudsch mocht predigt = oder lerebuch heissen, wie des Bapsts Decretal heist."[87] Und er fügt hinzu: „Hab ich zeit, so mus ichs ia verdeudschen, auff das yderman sehe welch faul schendlich buch es ist"[88] – ein Plan, der nicht realisiert wurde. Damit stehen wir vor der Frage, warum er nicht schon 1529, sondern erst 1542 sich mit der Koranlektüre beschäftigt hat. Die Vermutung legt sich nahe, daß die zu Beginn der vierziger Jahre erneut akut gewordene Türkengefahr – am 2. September 1541 wurde Budapest eingenommen – für Luther der Anlaß gewesen ist, nun endlich sich mit dem Koran selbst zu beschäftigen. Am 11. Oktober 1541 erschien seine „Vermanunge zum Gebet Wider den Tuercken" und zu Fastnacht 1542 erfahren wir, daß er „jetzt" den Koran gelesen habe. Durch die eigene Koranlektüre hat sich Luthers Polemik gegen den Islam verhärtet. Behoben waren seine Zweifel, ob die oben erwähnte Darstellung des Ricoldus auch tatsächlich ein authentisches Bild vom Islam biete, nachdem er selbst den Koran gelesen hatte und nun zu der Einsicht gekommen war, „das dieser Bruder Richard sein Buch nicht ertichtet, Sondern gleich mit stimmet"[89]. 1530 war sein Urteil noch ganz anders ausgefallen. In seinem Vorwort zu dem von ihm damals herausgegebenen „Libellus de ritu et moribus Turcorum" geht hervor, daß ihm zwei Schriften über den Islam bekannt waren: Die des Ricoldus und die „Cribratio Alkorani" des Nikolaus von Kues.[90] Über beide Arbeiten fällte er ein vernichtendes Urteil:

Einfältigere Christen vom Islam abzuschrecken, sei ihre Absicht gewesen.[91] Beide Schriften seien lediglich Exzerpte der abstoßendsten Stellen des Koran, Erzeugnisse des Hasses und der Unfähigkeit, den Islam zu widerlegen.[92] Daß diese Anschuldigungen unberechtigt sind und weder auf Ricoldus noch auf Cusanus zutreffen, können wir hier nicht näher ausführen, steht auch hier nicht zur Debatte. Was auffällt, ist dies: Zwölf Jahre später, als Luther sich anschickte, die Schrift des Ricoldus ins Deutsche zu übertragen – das war nach Fastnacht 1542, also nachdem er den Koran selbst gelesen hatte –, ist von allen diesen Vorwürfen nicht mehr die Rede. Im Gegenteil: Luther sieht das, was er früher als papistisch verdächtigt hatte, nunmehr im Koran bestätigt.[93] Seine Verwunderung darüber, daß – wie er sagt – bisher niemand versucht habe, „zuerfaren, was Mahmets Glaube were, Sind allein damit zufrieden gewest, das Mahmet ein Feind Christlichen Glaubens were, Aber wo und wie von stueck zu stueck, ist nicht laut worden, welches doch von noeten ist zu wissen"[94], zeigt, daß Luther mit der Thematik wenig vertraut war.

Warum Martin Luther gerade die Schrift des Ricoldus und nicht die des Cusanus ins Deutsche übersetzt hat, ist schwer auszumachen. Luther selbst gibt als Begründung an, er habe es „fur nuetzlich und not angesehen, dieses Buechlein zuverdeudschen (weil man kein bessers hat) …".[95] Diese Begründung ist von der Sache her nicht gerechtfertigt. Denn die cusanische „Cribratio Alkorani" als das Ergebnis intensiven und detaillierten Koranstudiums und zugleich als der Versuch, Brücken der Verständigung zwischen Christentum und Islam zu bauen und vom Koran her *Hinführungen* (manuductiones) zum christlichen Glauben zu bieten, ist – unter Berücksichtigung der angespannten Situation nach dem Fall von Konstantinopel 1453 – eine in ihrer Polemik gemäßigte und in ihrer intendierten Apologetik exemplarische Schrift innerhalb der antiislamischen Literatur damaliger Zeit. Um zu erfahren, „wo und wie von stueck zu stueck" – wie Luther formuliert[96] – sich der Islam zum christlichen Glauben verhalte, wäre die cusanische „Sichtung des Korans" für ihn eine wertvolle Hilfe gewesen, um zu einer verständnisvolleren und ausgewogeneren Haltung gegenüber dem Islam zu finden. Da aber Martin Luther aufgrund der osmanischen Bedrohung politisch in die damalige Türkenfeindlichkeit miteinstimmte und theologisch den Islam als Werke-Religion papistischer Couleur verurteilte, dürfte ihm eine um Konkordanz und Ausgleich zwischen Christentum und Islam bemühte Schrift wie die des Cusanus nicht willkommen gewesen sein. Vielleicht war ihm aber auch Nikolaus von Kues als der „Hercules des Papstes"[97] suspekt, daß er ihn deswegen 1542 nicht mehr erwähnte.

Die nach der Koranlektüre verfestigte Abneigung Luthers gegenüber dem Islam hatte zur Folge, daß er die 1530 noch heftig attackierte Schrift des Ricoldus nunmehr ins Deutsche übersetzte.

Er begründete seinen Schritt damit, „Das doch bey uns deudschen auch erkand werde, wie ein schendlicher Glaube des Mahmets Glaube ist, Da mit wir gesterckt werden in unserm Christlichen Glauben".[98] Von eben derselben Absicht ließ er sich leiten, als er sich im Oktober 1542 in einem Schreiben an den Rat zu Basel für die damals umstrittene Druckausgabe der lateinischen Koranübersetzung des Robert von Ketton, die dieser ja im Auftrag von Petrus Venerabilis 1143 angefertigt hatte, einsetzte: „Mich hat das bewogen, das man den Mahmet oder Turken nichts verdrieslichers thun, noch mehr schaden zu fugen kan (mehr denn mit allen waffen), denn das man yhren alcoran bey den Christen an den Tag bringe, darinnen sie sehen mugen, wie gar ein verflucht, schendlich, verzweivelt buch es sey, voller lugen, fabeln und aller grewel ..."[99] Aufgrund dieser Intervention wurde schließlich am 11. Januar 1543 die Druckausgabe freigegeben.[100] Martin Luther verfaßte dazu ein Vorwort.[101]

f) Resümee

Fassen wir zusammen: Die Auseinandersetzung Martin Luthers mit dem Islam ist im wesentlichen von zwei Faktoren bestimmt:
1. Sie ist geprägt von der damaligen militärischen Bedrohung Europas durch die muslimischen Osmanen.
2. Sie steht ganz und gar im Zeichen seiner eigenen existentiell ausgetragenen Kontroverse mit Rom.

Von diesen psychologischen Zwängen her, dem militärischen Druck von außen und dem theologisch-affektiven Impetus von innen, erklärt sich Luthers massive Islamkritik. Die Parallelisierung von Papsttum und Islam – bei Joachim von Fiore noch Vision, bei Luther Wirklichkeit – wirkte sich verhängnisvoll aus: Denn dadurch projizierte Luther das Bild eines seinerzeit entstellten und verzerrten Katholizismus in der ihm eigenen Weise der Zuspitzung auf den Islam und qualifizierte ihn als Religion der Werkgerechtigkeit papistischer Couleur ab.

Luthers Deutung des Islams als einer endzeitlichen antichristlichen Macht versperrte ihm den Blick für die dem Islam eigene Glau-

bensursprünglichkeit und -originalität. Sein Blick konzentrierte sich
vielmehr auf die theologia crucis als das unterscheidend Christliche
in der theologischen Auseinandersetzung mit dem Islam.

VII. Die Zeit der Aufklärung

1. Die Maxime der Vernunft und das Humanitätskriterium

Mit der Aufklärung – einem Begriff, der seit etwa der Mitte des 18. Jahrhunderts in Westeuropa gebräuchlich wird – beginnt auch eine neue Phase in der christlich-islamischen Geschichte. Die im Namen der autonomen Vernunft geübte Kritik an der Gesellschaft mit ihren überkommenen Traditionen und Wertvorstellungen machte auch vor dem Christentum nicht halt. Durch die Lockerung der Bindung an Dogma und Tradition wurde auch das Christentum genötigt, sich vor der Vernunft als oberstem Prinzip zu rechtfertigen. Die Vielfalt der christlichen Bekenntnisse wurde zum Anlaß, nach einer sie transzendierenden Religion zu fragen, die in der gemeinsamen Menschenvernunft als dem Prinzip der Einheit gründete. Beherrschend wurde die Idee der Toleranz. Wenn auch die geistigen Wurzeln dieser Idee weiter zurückreichen, gewann sie erst jetzt an Breitenwirkung.

Es war Immanuel Kant (1724–1804), der die Frage „Was ist Aufklärung?"[1] im Jahre 1784 in einer prägenden Formulierung beantwortete: *„Aufklärung ist der Ausgang des Menschen aus seiner selbst verschuldeten Unmündigkeit. Unmündigkeit* ist das Unvermögen, sich seines Verstandes ohne Leitung eines anderen zu bedienen. *Selbstverschuldet* ist diese Unmündigkeit, wenn die Ursache derselben nicht am Mangel des Verstandes, sondern der Entschließung und des Mutes liegt, sich seiner ohne Leitung eines anderen zu bedienen. Sapere aude! Habe Mut, dich deines *eigenen* Verstandes zu bedienen! ist also der Wahlspruch der Aufklärung."[2]

Exkurs: Die „unbefriedigte Aufklärung"[3]

„Ich habe den Hauptpunkt der Aufklärung, die des Ausgangs der Menschen aus ihrer selbst verschuldeten Unmündigkeit, vorzüglich in *Religionssachen* gesetzt ...",[4] schreibt Kant, da die Unmündigkeit in diesem Bereich nach seiner Meinung „die schädlichste, also auch die entehrendste unter allen ist".[5]

Was ein Geistlicher infolge seines Amtes, „als Geschäftsträger der Kirche, lehrt, das stellt er als etwas vor, in Ansehung dessen er nicht freie Gewalt hat, nach eigenem Gutdünken zu lehren, sondern das er nach Vorschrift und im Namen eines anderen vorzutragen"[6] hat, zumindest solange er darin „nichts der innern Religion Widersprechendes" findet.[7] Sollte letzteres doch der Fall sein, „so würde er sein Amt mit Gewissen nicht verwalten können; er müßte es niederlegen".[8]

Als theologischer Gelehrter hingegen „im *öffentlichem Gebrauche* seiner Vernunft" muß der Geistliche volle Freiheit haben, „sich seiner eigenen Vernunft zu bedienen und in seiner eigenen Person zu sprechen. Denn daß die Vormünder des Volks (in geistlichen Dingen) selbst wieder unmündig sein sollen, ist eine Ungereimtheit, die auf Verewigung der Ungereimtheiten hinausläuft".[9] Deswegen findet Kant den Gedanken, „eine Kirchenversammlung" solle „berechtigt sein, sich eidlich unter einander auf ein gewisses unveränderliches Symbol zu verpflichten, um so eine unaufhörliche Obervormundschaft über jedes ihrer Glieder und vermittelst ihrer über das Volk zu führen, und diese so gar zu verewigen", „ganz unmöglich", und ein solcher Vertrag, „der auf immer alle weitere Aufklärung" verhindern würde, „schlechterdings null und nichtig".[10] Denn auf die Aufklärung selbst auch für die nachfolgenden Generationen zu verzichten, hieße „die heiligen Rechte der Menschheit verletzen und mit Füßen treten".[11]

Was Kant vor über 200 Jahren im Namen der Vernunft argumentativ angemahnt hat, ist bis heute nicht eingelöst. Die Hierarchen des kirchlich verfaßten Christentums lassen innerhalb der (christlichen) Theologie in Forschung und Lehre nur das zu, was sie im Einklang mit der kirchlich vorgegebenen Lehre stehend ansehen. Die geforderte Freiheit von Forschung und Lehre ist damit eingegrenzt auf die kirchliche Überlieferung, als deren Hüter sich die Hierarchen verstehen.

Der Islam, der sich derart kritischen Anfragen erst gar nicht stellt, stempelt sie als westliche Denkkategorien ab, die die vermeintliche Einheit von Glauben und Wissen destruieren, und zieht sich auf das unüberbietbare Wissen des Korans zurück.[12] Aufgabe islamischer Theologen und Rechtsgelehrter ist und bleibt für ihn die Kommentierung des in Koran und Tradition hinterlegten *Wissens aus dem Glauben*.

Weder im Christentum noch im Islam ist die von Kant angesprochene Problematik – gerade was Forschung und Lehre betrifft – bislang aufgegriffen worden; beide Religionen halten hartnäckig an ihrer je eigenen voraufklärerischen Position fest.

Davon abgesehen konnte sich im Klima der Aufklärung ein neues
Verständnis der Religionen entfalten und in Folge davon auch eine
neue Sicht des Islams als nichtchristlicher Religion. Diese neue Sicht
ist nicht kirchlichen Initiativen zu verdanken, sondern dem Impetus
wissenschaftlichen Forschens. Als Beispiel sei hier Hadrian Reland
angeführt.

2. Hadrian Reland (1676–1718): De religione Mohammedica

Hadrian Reland, Professor für orientalische Sprachen in Utrecht,
erregte mit seinem 1705 veröffentlichten Buch großes Aufsehen.[13]
Das zweiteilig gegliederte Buch enthält im ersten Teil ein quellen-
mäßiges „Compendium theologiae Mohammedicae, arabice et latine", im zweiten damals verbreitete legendarische Verfremdungen
und Entstellungen des Islams. Dagegen wendet sich H. Reland.

In seiner Vorrede schreibt er, „daß die Religionen von ihren Wi-
dersachern entweder nicht verstanden oder in böswilliger Absicht
verleugnet wurden ..."[14] So wurden die Juden und Christen von den
Heiden verleumdet ...",[15] so wurden die Kirchen, die nicht der römischen Kirche folgen, auf eine Stufe mit den Mohammedanern gestellt"[16]. Von diesen Erfahrungen will Reland sich nicht abschrecken
lassen; geschichtsträchtigen Vorurteilen und Vorverurteilungen setzt
er seine Intention entgegen: „Die Wahrheit darf erforscht werden,
gleich wie sie sei."[17] Dieser Maxime fühlt er sich verpflichtet. Und
so will er zu einem vorurteilsfreien Verständnis des Islams beitragen.
Denn, so schreibt er, „ich habe allezeit dafür gehalten, daß die Religionen ... nicht so närrisch und abgeschmackt seien, wie die Vertreter der christlichen Religion sie sich einbilden"[18], hat doch Gott
„allen Menschen Vernunft gegeben"[19], und zwar unabhängig von ihrer jeweiligen Religionszugehörigkeit.

Aus dieser Position spricht gewiß der Geist der Aufklärung, der
den herkömmlichen, christlich-kirchlich geprägten Verstehenshori-
zont sprengte und damit zu einem neuen Religionsverständnis jenseits doktrinärer Absolutheitsansprüche anleitete.

Einerseits diesem Geist der Aufklärung aufgeschlossen, fiel
H. Reland andererseits wieder hinter ihn zurück, wenn er im Islam

– ganz im Sinne der traditionellen antiislamischen Polemik – eine
List des Satans zu erkennen glaubte, die zu entdecken er als Anreiz
ansah, um daraus apologetischen Nutzen für das Christentum ziehen
zu können.

Relands Buch sorgte seinerzeit für Diskussionsstoff. Seine Absicht, den Islam aus dessen eigenem Selbstverständnis her zu betrachten, fand nicht nur positive Aufnahme: Befürworter und Kriti-
ker meldeten sich zu Wort. Die katholische Kirche setzte die Schrift
wegen angeblicher proislamischer Tendenzen gar auf den Index.[20]

3. Gotthold Ephraim Lessing: „Nathan der Weise"

Gotthold Ephraim Lessing (1729–1781) versucht in dieser Zeit –
1779 – mit seiner *Ringparabel* in dem dramatischen Gedicht „Nathan
der Weise" das Verhältnis der drei großen monotheistischen Religionen – Judentum, Christentum, Islam – neu zu bestimmen.[21]

Ein „Ring von unschätzbarem Wert" – wunderkräftig dazu – wird
seit Generationen vererbt, und zwar vom Vater an seinen jeweils
liebsten Sohn[22]:

> „So kam nun dieser Ring, von Sohn zu Sohn,
> Auf einen Vater endlich von drei Söhnen;
> Die alle drei ihm gleich gehorsam waren,
> die alle drei er folglich gleich zu lieben
> Sich nicht entbrechen konnte."

Um keinen Sohn zu kränken, läßt der Vater von einem Künstler
zwei weitere ebengleiche Ringe anfertigen. Als dieser ihm die Ringe
bringt, kann der Vater selbst das Original nicht mehr von den beiden
anderen unterscheiden. Die Anwendung auf die Religionen lautet:
So sehr diese in ihren Riten – „bis auf die Kleidung, bis auf Speis
und Trank" – unterscheidbar sind, bleiben sie im Grunde ununter-
scheidbar:

> „Denn gründen alle sich nicht auf Geschichte?
> Geschrieben oder überliefert! – Und
> Geschichte muß doch wohl allein auf Treu
> Und Glauben angenommen werden? – Nicht? –
> Nun, wessen Treu und Glauben zieht man denn
> Am wenigsten in Zweifel? Doch der Seinen?
> Doch deren Blut wir sind? doch deren, die
> Von Kindheit an uns Proben ihrer Liebe

Gegeben? die uns nie getäuscht, als wo
Getäuscht zu werden uns heilsamer war? –
Wie kann ich meinen Vätern weniger
Als du den deinen glauben? Oder umgekehrt. –
Kann ich von dir verlangen, daß du deine
Vorfahren Lügen strafst, um meinen nicht
Zu widersprechen? Oder umgekehrt.
Das nämliche gilt von den Christen. Nicht? –"

Die Söhne nun verklagen einander gegenseitig, und jeder schwört wahrheitsgemäß dem Richter, den Ring unmittelbar aus seines Vaters Hand erhalten zu haben:

„– Der Vater,
Beteurte jeder, könne gegen ihn
Nicht falsch gewesen sein; und eh er dieses
Von ihm, von einem solchen lieben Vater,
Argwohnen laß: eh müß er seine Brüder,
So gern er sonst von ihnen nur das Beste
Bereit zu glauben sei, des falschen Spiels
Bezeihen; und er wolle die Verräter
Schon auszufinden wissen; sich schon rächen."

Da der verstorbene Vater nicht mehr zu Rate gezogen werden kann und an den Ringen selbst kein Unterschied zu erkennen ist, will der Richter die Söhne abweisen; doch da kommt ihm die rettende Idee:

„Doch halt! Ich höre ja, der rechte Ring
Besitzt die Wunderkraft beliebt zu machen;
Vor Gott und Menschen angenehm. Das muß
Entscheiden! Denn die falschen Ringe werden
Doch das nicht können! – Nun; wen lieben zwei
Von euch am meisten? – Macht, sagt an! Ihr schweigt?
Die Ringe wirken nur zurück? und nicht
Nach außen? Jeder liebt sich selber nur
Am meisten? – O, so seid ihr alle drei
Betrogene Betrieger!"

Angesichts der Ununterscheidbarkeit der Ringe bleibt am Ende nur der Rat, ein jeder der Söhne möge zusehen, die „Kraft" seines Ringes durch das eigene Leben unter Beweis zu stellen:

„– Wohlan!
Es eifre jeder seiner unbestochnen
Von Vorurteilen freien Liebe nach!

Es strebe von euch jeder um die Wette,
Die Kraft des Steins in seinem Ring an Tag
Zu legen! komme dieser Kraft mit Sanftmut,
Mit herzlicher Verträglichkeit, mit Wohltun,
Mit innigster Ergebenheit in Gott
Zu Hülf!"

Was Lessing mit dieser Ringparabel sagen will, ist dieses: Die drei
Ringe – Symbole der drei monotheistischen Religionen – sind alle
drei Gabe Gottes. Die Frage nach ihrer Authentizität ist theoretisch
nicht entscheidbar. Entscheidend ist, wie ihr Träger damit praktisch
umgeht: Die Kraft, die ihm aus dem Ring, d. h. der Religion, er-
wächst, soll in seinem Leben sichtbar werden und sich in menschlicher Solidarität, Friedfertigkeit und Toleranz gleichsam „offenba-
ren". Darin liegt das Geheimnis der „Offenbarung Gottes", die jede
der drei Religionen für sich beansprucht, daß ihre Anhänger miteinander im Guten wetteifern. Unwillkürlich fühlt man sich bei diesem
Gedanken an jene Koranverse erinnert, die in die gleiche Richtung
weisen: „… So eilt zu den guten Dingen um die Wette. Wo immer
ihr euch befindet, Gott wird euch alle zusammenbringen. Gott hat
Macht zu allen Dingen" (Koran 2,148; vgl. 5,48).

Nach Lessing spiegelt jede der drei Religionen nicht sozusagen
aus sich heraus in einem objektiven Sinn die „Offenbarung Gottes"
wider, sondern nur insofern, als der Mensch selbst – ob Jude, Christ
oder Muslim – sich bereit findet, seinem Glauben entsprechend zu
leben. Die Religion als solche ist noch kein Garant für ein gelingen-
des menschliches Leben. Es ist der Mensch selbst, der seiner eigenen
Religion, in der er groß geworden ist, „zu Hilfe kommen" muß, wie
Lessing sich ausdrückt, d. h., der Mensch muß seiner eigenen Religion dadurch zur Überzeugungskraft verhelfen, daß er sich in seinem
Leben durch sein Tun und Lassen als Mensch bewährt. Dieses Humanitätskriterium im zwischenmenschlichen Bereich gilt Lessing als
übergeordnetes Verständigungspotential der drei Religionen. Nicht
das je eigene Bekenntnis, nicht der postulierte Absolutheitsanspruch
sind das entscheidende Kriterium im Verhältnis der drei monotheistischen Religionen, sondern die jeweils praktizierte Humanität. Die
praktische Relevanz des Glaubens, nicht die theoretische Dimension
der Theologie, die Moral, nicht das Dogma, das Leben, nicht die
Lehre sind für das Religionenverständnis maßgebend.[23]

Neben dem Humanitätskriterium hebt Lessing als weiteres bezie-
hungs- und gemeinschaftsstiftendes Element der Religionen den einen „Erziehungsplan Gottes" für die Menschheit hervor, wenn er

die Offenbarung als göttlichen „Erziehungsprozeß zur Vernunft" interpretiert.[24] Damit versteht er die Religionen als „Teil einer Art
Pädagogik der Geschichte".[25] Ziel dieses teleologischen Prozesses ist
die sittliche Autonomie des Menschen, da die Vernunft ihn, so Lessing, zur Realisierung ethischer Lebensformen befähigt. Gegenseitige Akzeptanz und Toleranz der tradierten religiösen Identität und
Individualität der Religionen sind inhärente Voraussetzungen innerhalb dieses Prozesses.[26]
     Speziell in dem Akt der allgemeinen Versöhnung der Menschen
unterschiedlichen Glaubens am Ende des Dramas bringt Lessing seine Überzeugung zum Ausdruck, daß der Friede zwischen den Menschen Friede unter den Religionen supponiere.[27]

4. Paradigmenwechsel im Religionenverständnis

Das intellektuelle Fundament der Aufklärung ist in erster Linie
in der Philosophie zu suchen.[28] Die Implementierung ihrer Ideen in
Theologie und Kirche war von schweren Geburtswehen begleitet.[29]
Inwieweit hat sich letztendlich das Selbstverständnis der Aufklärung
auf das Verhältnis der Religionen zueinander ausgewirkt?
     Während des Übergangs zur Neuzeit im 16. Jahrhundert waren –
bezogen auf das Verhältnis Christen und Muslimen – die Beziehung
zwischen den beiden Religionen überwiegend durch einen rigorosen
Konfrontationskurs gekennzeichnet. Verantwortlich dafür waren
zum einen die Bedrohung Westeuropas durch den osmanischen Expansionsdrang und zum anderen die defizitäre Sachauseinanderset-
zung beider Religionen. Mit dem Begriff „Türkengefahr" läßt sich
das von Vorurteilen behaftete damalige Stimmungsbild und der Er-
fahrungs- und Wahrnehmungshorizont der Christen im Hinblick auf
die Muslime treffend benennen.
     Mit der Aufklärung und ihrer Maxime der Vernunft bzw. Huma-
nität als kohärenzstiftendem Element im Verhältnis der Religionen
konnten in diesem transzendierten Religionsverständnis altherge-
brachte Vorurteile überwunden und damit die Basis für eine inter-
religiöse Toleranz geschaffen werden. Diese Tendenz schlug sich
konkret nicht nur in einer veränderten intellektuellen Begegnung
mit dem Islam nieder, sondern auch auf gesellschaftlich-politischer
Ebene. Der preußische König Friedrich II., mit dem Beinamen der
Große (1740–1786), der Philosoph auf dem Thron, realisierte in seiner Regierungszeit Ideen der Aufklärung. Seine von Voltaire (1694–

1778) inspirierte Philosophie manifestierte sich u. a. darin, daß er seine Stellung aus der Überlegung heraus interpretierte, „Erster Diener seines Staates" zu sein,[30] und in bezug auf die Religionen und die jeweilige Glaubenspraxis seine Überzeugung in dem berühmt gewordenen Satz zusammenfaßte: „Die Religionen Müssen alle Tolleriret werden, und Mus der Fiscal nuhr das Auge darauf haben, das keine der andern abrug Tuhe, den hier mus ein jeder nach Seiner Faßon Selich werden."[31]

VIII. „Mission im Schatten des Kolonialismus"[1]

Mit Beginn des modernen christlichen Missionszeitalters – ausgehend von Europa – brach dann eine neue Phase pastoral-praktischer Begegnung mit dem Islam an. Die französische Kolonisierung Nordafrikas, um nur ein Beispiel zu nennen,[2] hatte zunächst die Hoffnung genährt, im Sog des Kolonialismus die Muslime rasch zum Christentum bekehren zu können; eine trügerische Hoffnung, wie sich zeigen sollte, denn die französische Regierung favorisierte im Interesse des inneren Landfriedens den Islam. Der Bischof von Nancy, Charles-Martial-Allmand Lavigerie (1825–1892), wurde 1867 Erzbischof der inzwischen zum Erzbistum avancierten Diözese, 1884 zugleich Erzbischof von Karthago und Primas von Afrika.

Algerien sah er als Sprungbrett für die Christianisierung ganz Schwarzafrikas an. Bereits eine Generation zuvor hatte der Jesuitengeneral, P. Roothaan, ein eigenes Konzept zur Christianisierung Afrikas, ausgehend von Algerien, entworfen. Doch trotz aller pädagogischen und karitativen Strategien blieb die muslimische Bevölkerung im Maghreb einer christlichen Missionierung bis heute verschlossen, und der Islam zeigt sich als „nicht konvertierbarer Block".[3] Auch die von Charles de Foucauld (1858–1916) praktizierte stille Präsenz unter den Muslimen als Zeugnis gelebten Christseins fand zwar muslimischerseits Respekt und Anerkennung, erhoffte Missionserfolge indes blieben aus. Protestantische Missionsaktivitäten begannen im Jahre 1881 mit der Gründung einer Missionsstation unter den Kabylen. Daraus ging die North Africa Mission (NAM) hervor, eine internationale und überkonfessionelle evangelikale Mission, der nunmehr auch der Algerien-Missionsbund und die Südmarokko-Mission zugehören.

Die Zeiten des europäischen Kolonialismus, und in ihrem Schlepptau die christlichen Missionsversuche in der islamischen Welt insgesamt, wirken noch heute traumatisch nach: auf christlicher Seite die bis heute nicht gelungene Aufarbeitung missionarischer Mißerfolge unter Muslimen, auf muslimischer Seite die mangelnde Verarbeitung von Unterdrückung und Ausbeutung durch sogenannte christliche Mächte. Algerien stand von 1830–1962, Tunesien von

1881–1956, Marokko von 1912–1956 unter französischer Mandats-
herrschaft: Generationen von Muslimen haben nicht nur hier unter
kolonialem Imperialismus gelebt und gelitten. Kein Wunder also,
daß heutige Muslime, die diese Zeiten nicht vergessen haben, Kolo-
nialisierung und Missionierung ineins setzen und versuchen, diese
für sie bedrückende Last der Vergangenheit endlich abzuschütteln,
um ihre eigene islamische Identität wiederzugewinnen.

Mit der blutig erkämpften Unabhängigkeit der nordafrikanischen
Staaten nach dem Zweiten Weltkrieg sollte sich ein erster Wunsch
erfüllen: Die Befreiung von der Besatzungsmacht 1951 für Libyen,
1956 für Marokko und Tunesien, 1962 für Algerien. Damit wurde der
Islam faktisch oder praktisch Staatsreligion. In Libyen verbietet das
Gesetz jedwede direkte Missionstätigkeit; das gilt auch für Algerien,
Tunesien und Marokko, das mit der 1963 angenommenen Verfassung
jede Missionsarbeit für illegal erklärte. 1964 schloß der Vatikan mit
der tunesischen Regierung ein Konkordat, das der römisch-katholischen Kirche die offizielle Anerkennung brachte – übrigens der erste
Vertrag dieser Art mit einem islamischen Land.

Die durch die Nordafrikamission (NAM) gegen Ende des
19. Jahrhunderts im Maghreb begonnene Missionsarbeit mußte in
Tunesien 1963 auf Beschluß der Regierung hin abgebrochen werden;
Methodisten und einige kleinere Gruppierungen mühen sich, ihre
Arbeit unter eingeschränkten Bedingungen aufrechtzuerhalten. Die
im Maghreb vertretenen kleinen europäischen Minderheiten sind
nominell christlich und bilden heute jene „Kirche von christlichen
Ausländern, die jeweils im Schatten ihrer (Landes-)Botschaft leben"[4], seelsorglich betreut von ihren jeweiligen dort ansässigen Aus-
landsgemeinden oder dort verbliebenen Ordensgeistlichen.

Die christlicherseits verfolgte Strategie einer schnellen Muslimmis-
sionierung ist nicht aufgegangen. Auch hat die Präsenz von Christen
unter Muslimen – muslimischerseits als verdeckte Missionierung be-
argwöhnt – zu keiner nennenswerten Annäherung zwischen Christentum und Islam geführt. Christliche Minderheiten genießen zwar als
sogenannte Schriftbesitzer offiziell einen Sonderstatus, gleichberech-
tigte Bürgerinnen und Bürger eines islamisch ausgerichteten Staates
sind sie jedoch nicht und können sie auch nicht werden. Sie leben
praktisch neben der islamischen Gemeinschaft (umma) her.

Durch islamistische Strömungen hat sich in den letzten Jahren der
Druck auf die Christen in islamischen Ländern verstärkt, und zwar
überall dort, wo fanatische Islamisten ein, wie sie es nennen, neues
„Kreuzzüglertum" wittern.

IX. Beginn historisch-kritischer Islamforschung

Das Ansinnen der christlichen Kirchen der Neuzeit, den Islam durch Mission überwinden zu können, ist nicht erreicht worden. Im Gegenteil: Er hat in Zusammenhang mit der Kolonisierung neue Vorurteile bei den Muslimen geschürt. Unterdessen ist versäumt worden, sich mit dem Islam als Weltreligion sachlich und konstruktiv auseinanderzusetzen – ohne polemische und apologetische Absichten, frei von doktrinären Ansprüchen und ideologischen Zwängen.

Diese Aufgabe ist von anderen in Angriff genommen worden: Erst ab Mitte des letzten und mit Beginn unseres Jahrhunderts gelang der Durchbruch zur Islamforschung.[1]

Der österreichische Orientalist Alfred von Kremer (1828–1889) begründete mit Werken wie „Geschichte der herrschenden Ideen des Islam" (1868) und „Culturgeschichte des Orients unter den Chalifen" (1875/77) die kulturhistorische Betrachtung des Islams. Der deutsche Orientalist Theodor Nöldeke (1836–1930), auf zahlreichen Feldern versiert, besonders in der Koranforschung und der semitischen Sprachwissenschaft, hinterließ u. a. die fundamentale „Geschichte des Qorans" (1860), in der stark erweiterten und revidierten Bearbeitung von Friedrich Schwally (1909/19) noch heute ein Standardwerk.[2] Der Ungar Ignaz Goldziher (1850–1921) untersuchte vor allem die Entwicklung der Lehren des Islams und den Einfluß innerislamischer Auseinandersetzungen auf die Entstehung der Hadith-Literatur. Zu seinen Hauptwerken zählen „Die Zâhiriten" (Leipzig 1884), „Muhammedanische Studien" (Halle 1889/90), „Vorlesungen über den Islam" (Heidelberg 1910) sowie „Die Richtungen der islamischen Koranauslegung" (Leiden 1920). In seinen epochemachenden „Muhammedanischen Studien" und vielen anderen Publikationen versuchte er, „die Methoden des kritischen Historismus auf den Islam in seiner Gänze anzuwenden und ihn als kulturgeschichtliche Erscheinung zu begreifen, deren Entwicklung wesentlich von religiösen Ideen bestimmt wird"[3]. Von diesem Ansatz her gilt I. Goldziher als einer der Begründer der Islamwissenschaft. Zu ihrer Verselbständigung im deutschen Sprachraum trug Christian Heinrich Becker

(1876–1933), Orientalist und von 1925–30 preußischer Kulturminister, bei. Er wandte sich gegen den Ausschluß des islamischen Orients aus dem Geschichtsbild des Westens, unterstrich die Mittlerfunktion des Islams zwischen Europa und Asien und wies – gängigen Vorurteilen zum Trotz – darauf hin, „daß es ein Fehler wäre, den Islam schlechthin als wirtschaftsfeindlich" anzusehen und ihn durchweg für fatalistisch zu halten.[4] In diesem Zusammenhang ist auch der Niederländer Christiaan Snouck Hurgronje (1857–1936) zu nennen, dem wir über den Islam des Vorderen Orients hinaus erstmals Einblicke in Geschichte und Gesellschaft des islamischen Indonesien verdanken.[5]

Neben anderen wie den Deutschen J. Wellhausen[6] oder dem Italiener L. Caetani[7] seien in unserem speziellen Zusammenhang noch zwei Persönlichkeiten hervorgehoben: der Schotte Duncan Black Macdonald (1863–1943) und der Franzose Louis Massignon (1883–1962). D. B. Macdonald – nach seiner Emigration in die Vereinigten Staaten dort seit 1892 der erste Vertreter der Arabistik und Islamkunde – hat sich in seinen Arbeiten über die islamische Theologie in Anwendung religionspsychologischer Methoden einen Namen gemacht.[8] L. Massignon war ein früher Förderer des christlich-islamischen Dialogs.[9] Zu seinen Forschungsschwerpunkten zählte die islamische Mystik. 1909 erschien die erste seiner bedeutenden Studien über den Mystiker al-Halladj, 1922 in vier Bänden das Gesamtresultat: „La passion d'al Hosayn-ibn-Mansur al-Hallaj, martyr mystique de l'Islam, exécuté à Bagdad le 26 mars 922. Etude d'histoire religieuse".[10]

Biblischen Stoffen im Koran nachgegangen zu sein ist u. a. das Verdienst von Heinrich Speyer: „Die biblischen Erzählungen im Qoran" halten die Erträge seiner diesbezüglichen Forschungen fest.[11] Eine vergleichende Studie koranischer und jüdisch-christlicher Offenbarung legte 1958 die Französin Denisse Masson vor.[12] Von Georges Chehade Anawati (1994) und Louis Gardet erschien 1961 „Mystique musulmane. Aspects et tendances – expériences et techniques".[13] G. C. Anawati war – ebenso wie Robert Caspar[14] – Konzilsberater in Fragen des christlich-islamischen Verhältnisses während des II. Vatikanischen Konzils (1962–65).

Zum Schluß soll in diesem summarischen Überblick noch kurz eingegangen werden auf vorliegende Koranübersetzungen im europäischen Kontext unseres Jahrhunderts. Von Richard Bell stammt aus den Jahren 1937–39 eine englische Übersetzung,[15] ihr folgte 1955

die von Arthur John Arberry.[16] Zwischenzeitlich steuerte Régis Blachère 1949–51 eine französische Fassung bei,[17] eine weitere französische Übersetzung lieferte D. Masson.[18] Die 1901 von Max Henning
vorgelegte deutsche Version wurde 1960 neu herausgegeben, mit
Einleitung und Anmerkungen versehen von Annemarie Schimmel.[19]
Dem früheren Tübinger Orientalisten Rudi Paret († 1983) verdanken wir eine wissenschaftlich solide Übersetzung mit Kommentar
und Konkordanz, erstmals 1966 erschienen.[20] Der Münsteraner Re-
ligionswissenschaftler und ehemalige Leiter des Seminars für Reli-
gionswissenschaft an der katholisch-theologischen Fakultät der Uni-
versität Münster, Adel Theodor Khoury, veröffentlichte 1987 erstmals seine deutsche Koranübersetzung,[21] die in ein breit angelegtes
zehnbändiges Werk mit wissenschaftlicher Kommentierung mün-
det.[22]

Die hier skizzierte kulturgeschichtliche Entwicklung blieb zunächst ohne Einfluß auf christliche Theologie und Kirche. Erst in
neuester Zeit hat sich sozusagen mit kultureller Verspätung auch
hier – den offiziellen Stellungnahmen zufolge – eine Wende vollzogen. Ein Meilenstein stellt die „Erklärung über das Verhältnis der
Kirche zu den nichtchristlichen Religionen" des II. Vatikanischen
Konzils aus dem Jahre 1965 dar.[23]

Zwar hatte die Weltmissionskonferenz in Edinburgh im Jahre
1910 in ihre missionsstrategischen Überlegungen auch Fragestellungen mit Blick auf den Islam einbezogen, allerdings ganz im Sog des
traditionellen Absolutheitsanspruchs des Christentums: „Edinburgh
diente hauptsächlich der monologischen Selbstvergewisserung
christlichem Superioritätsbewußtseins. Die anderen Religionen, darunter vor allem der Islam, waren dazu funktionalisiert, angesichts
ihrer Unvollkommenheit die Absolutheit des Christentums um so
deutlicher vor Augen zu führen."[24] Damit kam die Weltmissionskonferenz kaum unter die jahrhundertealte Einschätzung des Islams als
einer defizitären Religion hinaus. Ihr erhoffter Zerfall aufgrund der
einfachhin behaupteten Rückschrittlichkeit ihrer Anhänger, der dem
Christentum wegen seiner kulturellen und moralischen Überlegenheit zum endgültigen Sieg verhelfen werde, so die damals vorherrschende Meinung, erfüllte sich nicht.

Auch die Weltmissionskonferenz 1928 in Jerusalem führte der
theologischen Beurteilung des Islams keine wesentlich neuen
Aspekte hinzu,[25] ebensowenig die Weltmissionskonferenzen von
Tambaran/Madras (1938),[26] Whitby/Toronto (1947)[27] und Willingen
(1952),[28] wenn auch hier andere theologische Nuancierungen und

Akzentsetzungen zu verzeichnen waren, vor allem durch die Rezeption der Dialektischen Theologie in die Missionswissenschaft,[29] damit die Betonung der radikalen Diskontinuität von christlichem Glauben und nichtchristlichen Religionen: „Nicht irgendein menschengemachtes religiöses System schafft die 'wahre' Religion; die Christusbotschaft steht den Religionen, die letztlich nur Selbsterlösungsversuche der Menschen darstellen, diametral entgegen."[30]

X. Zwischen Annäherung und Abschottung: Ungelöste Problemfelder

Daß auf dem Hintergrund der skizzierten geschichtlichen Hypothek eine Annäherung zwischen beiden Religionen sich erst langsam vollzog, ist verständlich.[1] Zu groß sind die Wunden, die die Vergangenheit geschlagen hat; sie sind bis heute nicht ausgeheilt. Die in langer Tradition angewachsenen emotionalen Barrieren zwischen Christen und Muslimen sind noch lange nicht abgebaut, werden hingegen in jüngster Zeit neu geschürt. Hüben wie drüben gibt es Gruppierungen, die das Gespräch scheuen.[2]

Dabei hatte das II. Vatikanische Konzil (1962–1965) noch ganz andere Akzente gesetzt. Mit diesem Konzil hat sich in der römisch-katholischen Kirche in bezug auf den Islam eine Neuorientierung vollzogen. Ausschlaggebend dafür sind diesbezügliche Aussagen des Konzils, u. a. in seiner „Erklärung über das Verhältnis der Kirche zu den nichtchristlichen Religionen". Dort heißt es:

> „Mit Hochachtung betrachtet die Kirche auch die Muslime, die den alleinigen Gott anbeten, den lebendigen und in sich seienden, barmherzigen und allmächtigen, den Schöpfer des Himmels und der Erde, der zu den Menschen gesprochen hat. Sie mühen sich, auch seinen verborgenen Ratschlüssen sich mit ganzer Seele zu unterwerfen, so wie Abraham sich Gott unterworfen hat, auf den der islamische Glaube sich gerne beruft. Jesus, den sie allerdings nicht als Gott anerkennen, verehren sie doch als Propheten, und sie ehren seine jungfräuliche Mutter Maria, die sie bisweilen auch in Frömmigkeit anrufen. Überdies erwarten sie den Tag des Gerichtes, an dem Gott alle Menschen auferweckt und ihnen vergilt. Deshalb legen sie Wert auf sittliche Lebenshaltung und verehren Gott besonders durch Gebet, Almosen und Fasten.
>
> Da es jedoch im Laufe der Jahrhunderte zu manchen Zwistigkeiten und Feindschaften zwischen Christen und Muslimen kam, ermahnt die Heilige Synode alle, das Vergangene beiseite zu lassen, sich aufrichtig um gegenseitiges Verstehen zu bemühen und gemeinsam einzutreten für Schutz und Förderung der sozialen Gerechtigkeit, der sittlichen Güter und nicht zuletzt des Friedens und der Freiheit für die Menschen."[3]

Mag auch diese Erklärung auf den ersten Blick minimalistisch erscheinen, so sind doch die die Gemeinsamkeiten zwischen Christentum und Islam hervorhebenden Aussagen von großer Bedeutung: Erstens der Glaube an den einen und einzigen Gott sowie zweitens die gemeinsame Erwartung von Auferstehung und Gericht. Der vorsichtige Hinweis auf Abraham darf drittens ebenfalls als mögliches Bindeglied zwischen den beiden Religionen gewertet werden, ferner viertens die Erwähnung Mariens.[4] Ausdrücklich ausgeklammert wurde der muslimische Glaube an die Sendung Muhammads, die ja neben dem Bekenntnis zum einzigen Gott das zweite wesentliche Element des islamischen Glaubensbekenntnisses ist: „Es gibt keinen Gott außer Gott, und Muhammad ist sein Gesandter."

Ein Unterschied im Glauben beider Religionen wird, wenn auch nur im Nebensatz, deutlich: Die Muslime verehren Jesus nicht als Gottes Sohn, wohl aber als Propheten. Die koranische Negierung seines Kreuzestodes blieb allerdings unerwähnt (vgl. Koran 4,157 f.). Der Hinweis auf die Verehrung Gottes durch Gebet, Almosen und Fasten läßt erkennen, daß die Konzilserklärung kurz und knapp das Wesentliche der muslimischen Theodizee wiedergibt, wie sie z. B. Koran 2,177 formuliert: „Frömmigkeit besteht darin, daß man an Gott, den Jüngsten Tag, die Engel, das Buch und die Propheten glaubt, daß man aus Liebe zu Ihm den Verwandten, den Waisen, den Bedürftigen, dem Reisenden und den Bettlern Geld zukommen läßt und es für den Loskauf der Sklaven und Gefangenen ausgibt, und daß man das Gebet verrichtet und die Abgabe entrichtet ..." Der eigentlich konstruktive Teil der Erklärung im Hinblick auf den Islam liegt sicher in ihrem letzten Abschnitt, weil der Appell, die von Auseinandersetzungen und gegenseitigen Kämpfen geprägte Vergangenheit beiseite zu lassen, sich um ein gegenseitiges Verständnis zu bemühen und sich gemeinsam für die Verwirklichung von sozialer Gerechtigkeit, sittlichen Werten, von Frieden und Freiheit einzusetzen, bei allen Menschen, die guten Willens sind, Zustimmung finden muß.

Schon in der „Dogmatischen Konstitution über die Kirche" hatte das II. Vatikanum festgestellt: „Der Heilswille Gottes umfaßt auch die, welche den Schöpfer anerkennen, unter ihnen besonders die Muslime, die sich zum Glauben Abrahams bekennen und mit uns den einen Gott anbeten, den barmherzigen, der den Menschen am Jüngsten Tag richten wird."[5] Damit hat sich erstmals ein Konzil *positiv* mit dem Islam auseinandergesetzt und einen ersten Schritt getan, um mit ihm ins Gespräch zu kommen. Diese Initiative sollte in der Folgezeit nicht ohne Wirkung bleiben. Viele Unterredungen und Begegnungen fanden – auch auf höchster Ebene – statt. Bereits 1964 hatte Papst Paul VI. das „Sekretariat für die Nichtchristen" eingerichtet mit dem Ziel, die Dialogbereitschaft zwischen Christen und Nichtchristen zu fördern. Das Sekretariat selbst hat eine Reihe von Treffen und Begegnungen zwischen Christen und Muslimen in Afrika und Asien mitorganisiert. In jüngster Zeit hat sich Papst Johannes Paul II. auf seinen zahlreichen Auslandsreisen wiederholt zum Verhältnis zwischen Christen und Muslimen geäußert und seine uneingeschränkte Bereitschaft zum Dialog bekundet. Den Grund für einen christlich-islamischen Dialog und die Möglichkeit einer Zusammenarbeit zwischen beiden Religionen sieht der Papst in jener fundamentalen Gemeinsamkeit, die Christen und Muslime eint, im Glauben an den einen Gott, „der die Quelle aller Rechte und Werte der Menschheit ist"[6].

Auch im protestantischen Raum haben sich die Beziehungen zum Islam grundlegend geändert. Auf der Ebene des Ökumenischen Weltrates der Kirchen legte man 1967 Dialogrichtlinien im Umgang mit anderen Religionen und Überzeugungen fest. Zehn Jahre später formulierte man Empfehlungen für den weiteren christlich-islamischen Dialog, bis schließlich 1982 in Colombo/Sri Lanka das erste offizielle Gespräch des Ökumenischen Weltrates der Kirchen (Genf) mit dem Islamischen Weltkongreß (Karatschi) stattfand, um nur diese Beispiele zu nennen.

Damit haben die großen christlichen Konfessionen in ihrem Verhältnis zum Islam offiziell neue Akzente gesetzt. Die ihrerseits bezeugte Bereitschaft zum gegenseitigen Gespräch stößt indes auch auf Kritik aus ihren eigenen Reihen, die sich besonders in fundamentalistischen Kreisen zunehmend artikuliert und als schleichende Trendwende an Boden gewinnt.

Von diesen offiziellen kirchlichen Initiativen abgesehen, haben sich in Deutschland vielerorts Christen und Muslime in christlich-islamischen Gesellschaften zusammengefunden. Wie effektiv sie allerdings arbeiten, ist eine bis dato unbeantwortete Frage. Ungelöst ist auch die weitgehende Isolierung und Ghettoisierung der Muslime in der bundesrepublikanischen Gesellschaft. Die vielbeschworene Integration – Jahrzehnte vernachlässigt – wird inzwischen thematisiert, weil sich herausgestellt hat, daß die überwiegend aus der Türkei kommenden Muslime sich bei uns dauerhaft eingerichtet haben und fester Bestandteil der deutschen Gesellschaft sind und bleiben. Als unsere Mitbürgerinnen und Mitbürger muß ihnen selbstverständlich auch die Möglichkeit zugestanden werden, ihren Glauben zu leben.

Dazu gehört als Voraussetzung erst einmal der Bau von Moscheen
– von den Kirchen inzwischen gutgeheißen, ist er in der Bevölkerung
immer wieder ein Stein des Anstoßes. Dazu gehört ebenso der regu-
läre islamische Religionsunterricht an deutschen Schulen. Gerade in
jüngster Zeit hat die Diskussion um diese Frage neuen Auftrieb erhalten. Islamische Gruppierungen versuchen seit langem, schuli-
schen Religionsunterricht für muslimische Kinder durchzusetzen.
Mittlerweile von den christlichen Kirchen unterstützt, hoffen sie auf
eine baldige Lösung dieser Frage. Die verfassungsrechtlichen Bestimmungen bei uns sehen vor, daß der Religionsunterricht in Übereinstimmung mit den Grundsätzen der jeweiligen Religionsgemeinschaft zu erteilen ist. Da es bekanntlich keine islamische Organisa-
tion gibt, die hierzulande alle Muslime repräsentieren und für sie
verbindlich sprechen könnte, fehlt dem Staat der maßgebliche Ansprechpartner. Um muslimischen Kindern dennoch eine schulische
religiöse Unterweisung zukommen zu lassen, gehen die einzelnen
Bundesländer, denen ja die Kulturhoheit obliegt, unterschiedliche
Wege. Die Kultusministerkonferenz hatte bereits am 20. 03. 1984 einen Bericht vorgelegt, der sieben Modelle zur Einführung muslimischen Religionsunterrichts an deutschen Schulen enthielt. Faktisch
werden drei Modelle praktiziert:
1. Religionskundlicher Unterricht: Ohne formelle Beteiligung der
   Religionsgemeinschaften können in Verantwortung der Kultus-
   verwaltung der Länder Kenntnisse über Religionen und Weltanschauungen vermittelt werden.
2. Islamische religiöse Unterweisung: Nach diesem Modell wird im
   Rahmen des muttersprachlichen Unterrichts Islamunterricht erteilt. Dabei wird der Unterricht von muttersprachlichen Lehrern
   bzw. Lehrerinnen übernommen, die zwar vom Kultusministerium
   des jeweiligen deutschen Bundeslandes eingestellt werden, aber
   mit Lehrmitteln und Lehrplänen ihres (türkischen) Heimatlandes
   ausgestattet sind.
3. Islamischer Religionsunterricht als ordentliches Lehrfach im Ein-
   vernehmen mit einem legitimierten Ansprechpartner der Muslime.
   Aus diesem Modell ergeben sich die bereits oben erwähnten
Probleme, da es in der islamischen Religionsgemeinschaft hierzulande viele Richtungen unterschiedlichster Prägung gibt. Ferner
ist zu klären, welche universitäre Ausbildung die zukünftigen muslimischen Lehrerinnen und Lehrer an einer deutschen Hochschu-
le absolvieren müssen, um deutschen Qualifikationsstandards zu

genügen. Eine universitäre Ausbildung bei uns setzt zudem die Einrichtung islamischer religionspädagogischer Lehrstühle voraus. Wie zu hören ist, soll Karlsruhe hier eine Vorreiterfunktion einnehmen, um angehende muslimische Lehrerinnen und Lehrer für ihre schulische Aufgabe zu qualifizieren.

Ein bedenkenswertes Konzept zur Einführung islamischen Religionsunterrichts hatte der „Islamische Bund" Mannheim vorgelegt, und zwar mit folgenden Schwerpunkten:

1. Der Unterricht soll in deutscher Sprache stattfinden, da nicht alle muslimischen Kinder Türkisch als Muttersprache haben. Außerdem stellt die deutsche Sprache einen Integrationsfaktor dar, zugleich ist der Unterricht dann auch anderen Interessierten zugänglich.
2. Der Lehrplan soll in Deutschland entwickelt werden. Hierzu können die Curricula aus Nordrhein-Westfalen verwendet werden, die bereits die Zustimmung anerkannter islamischer Institutionen haben.
3. Die Schulaufsicht soll etwa dem Muster der christlich-kirchlichen Fachaufsicht entsprechen.

Da dieses Konzept dem türkischen Generalkonsulat in Karlsruhe nicht zusagte, wurde es zwischenzeitlich zurückgezogen.

Damit wird die Diskussion um einen islamischen Religionsunterricht an deutschen Schulen weitergehen.

Ein weiteres Problemfeld stellt die doppelte Staatsbürgerschaft dar, deren Einführung von der rot-grünen Regierung forciert betrieben wird. Die Kirchen hatten sich bereits 1997 in ihrem „Gemeinsamen Wort" mit dem Titel „… und der Fremdling, der in deinen Toren ist" positiv dazu geäußert: „Es ist an der Zeit, die … Erleichterung der Einbürgerung umzusetzen. Dazu wäre es hilfreich, den Grundsatz des Rechtes der Abstammung dem Grundsatz des Rechtes des Gebietes hinzuzufügen. Dann können Kinder von Eltern, die eine unbefristete Aufenthaltsberechtigung haben, mit ihrer Geburt Deutsche werden. Der Rechtsanspruch auf Einbürgerung sollte erweitert, die Fristen sollten verkürzt werden. Doppelte Staatsbürgerschaft gibt Menschen mit starker Bindung an ihr Herkunftsland und an das Einwanderungsland Deutschland eine Perspektive weiterer Integration", so die Kirchen.[7] In Abänderung früherer Pläne erarbeitet das Innenministerium derzeit eine Gesetzesvorlage, die für Ausländer, die länger als dreißig Jahre in Deutschland leben, eine doppelte

Staatsbürgerschaft vorsieht und die hier geborenen Kindern von
Ausländern einen befristeten Doppel-Paß zuerkennt: Bis zum
23. Lebensjahr sollen sie sich für *eine* Staatsbürgerschaft entscheiden.

Der Erhalt eines Doppel-Passes löst aber noch keine Integra-
tionsprobleme. Die gegenseitige Abschottung von Deutschen und
Türken, Christen und Muslimen sitzt tiefer, als daß sie durch formale Einbürgerung behoben werden könnte. Ein Beispiel: Wenn
muslimische Schülerinnen und Schüler einer Mannheimer Grund-
schule auf Anfrage hin eine Freundschaft mit Nichtmuslimen aus
religiösen Gründen ausschließen, wie soll dann die Integration gefördert werden? Was nützt ein Doppel-Paß, wenn Glaubensgründe
für ein unbeschwertes Zusammenleben hinderlich sein sollen?
Wozu ein Doppel-Paß, wenn die bikulturelle Sozialisation der Kinder – vormittags deutsche Schule, nachmittags türkische Familie –
von ihren Eltern prolongiert wird? Weder Deutschland noch die
Türkei, die sie größtenteils nur vom Hörensagen kennen, ist, wie
Kinder und Heranwachsende beklagen, ihre Heimat. Dieses Dilem-
ma mit einer doppelten Staatsbürgerschaft sozusagen auf einen
Schlag lösen zu können, ist ein politischer Trugschluß. Solange gra-
vierende Mentalitätsdifferenzen die Aufgeschlossenheit füreinander
behindern oder lähmen, wird eine auf die doppelte Staatsbürgerschaft focussierte Integrationspolitik ins Leere laufen.

Die leidige Diskussion um das Kopftuch (Schleier) ist ein weiteres
Feld, das zuweilen die Gemüter erhitzt – nicht nur in Frankreich,
auch bei uns. Die baden-württembergische Kultusministerin ver-
wehrte (im Jahre 1998) einer Muslimin den Eintritt in den öffentlichen Schuldienst, weil sie nachhaltig auf das Tragen ihres Kopftuches
bestand – aus religiösen Gründen. Der hohe religiöse Symbolwert,
den sie offensichtlich dem Kopftuch beilegt, mag sich aus ihrer
afghanischen Herkunft herleiten, entspricht aber nicht seiner kulturgeschichtlichen Entwicklung und seiner angeblichen Sanktionierung
durch den Koran (vgl. Koran 33,59; 24,31); es gehört eben nicht „zum
Wesen der moslemischen Identität", wie Fatema Mernissi schreibt,[8]
sondern ist ein regional begrenztes Phänomen: Der südostasiatische
Islam kennt das Problem nicht. Dort leben immerhin mehr als 100
Millionen Muslime, über dreimal soviel wie im arabischen Raum.[9]

Trotz der angesprochenen Problemfelder, die im Raum stehen,
gilt: Allen tagespolitischen Strömungen zuwider, die eher als situati-
ve Momentaufnahmen denn als zielorientierte Verhaltensmuster gel-

ten können, muß das zaghaft in Gang gekommene Gespräch zwischen Christen und Muslimen – auf welcher Ebene auch immer – unbeirrt weiter verfolgt werden.

Die Bemühungen um eine Annäherung von Christen und Muslimen, von den Kirchen gefördert, dürfen nicht einer latenten Abschottungsstrategie zum Opfer fallen. Wo Christen und Muslime zusammen in ein und derselben Gesellschaft leben, gibt es zum Dialog, zum Miteinander und zur Zusammenarbeit keine Alternative.

Anmerkungen

Vorwort

[1] G. C. Anawati, Christentum und Islam. Ihr Verhältnis aus christlicher Sicht, in: A. Bsteh (Hrsg.), Dialog aus der Mitte christlicher Theologie (Beiträge zur Religionstheologie, Bd. 5). Mödling 1987, 207.

[2] Vgl. S. P. Huntington, Kampf der Kulturen. Die Neugestaltung der Weltpolitik im 21. Jahrhundert. München–Wien [2]1997.

Einleitung

[1] Vgl. das zweite Kapitel: Von Nordafrika nach Spanien: Der Islam auf dem Vormarsch.

[2] G. E. v. Grunebaum, Der Islam im Mittelalter (Bibliothek des Morgenlandes). Zürich–Stuttgart 1966, 13.

I. Das Christentum im Verständnis des Korans: Begegnung – Mißverständnisse – Konfrontation

[1] Den Koran zitieren wir nach der Übersetzung von A. Th. Khoury, Gütersloh 1987; [2]1992; vgl. dazu auch seinen Kommentar, von dem bisher 9 Bände vorliegen: A. Th. Khoury, Der Koran. Arabisch-Deutsch. Übersetzung und wissenschaftlicher Kommentar. Gütersloh 1990 ff.

[2] Vgl. näherhin L. Hagemann/E. Pulsfort, Maria, die Mutter Jesu, in Bibel und Koran (Religionswissenschaftliche Studien 19). Würzburg–Altenberge 1992, 90–106.

[3] Vgl. ebd. 107–119.

[4] Vgl. A. Th. Khoury, Toleranz im Islam (Religionswissenschaftliche Studien 8). Altenberge [2]1986, 64 ff.

[5] Vgl. L. Hagemann, Propheten – Zeugen des Glaubens. Koranische und biblische Deutungen (Religionswissenschaftliche Studien 26). Würzburg–Altenberge [2]1993, 90–110.

[6] Vgl. A. Th. Khoury/L. Hagemann, Christentum und Christen im Denken zeitgenössischer Muslime (Religionswissenschaftliche Studien 7). Würzburg–Altenberge [2]1994, 30–36.

[7] A. Th. Khoury, Frieden, Toleranz und universale Solidarität in der Sicht des Islams, in: H. Althaus (Hrsg.), Christentum, Islam und Hinduismus vor den großen Weltproblemen. Altenberge 1988, 50–79; Zitat: 64 f.

[8] Ebd. 68.

II. Von Nordafrika nach Spanien: Der Islam auf dem Vormarsch

[1] Vgl. zum Folgenden L. Hagemann, Nordafrika, in: K. Müller/W. Ustorf (Hrsg.), Einleitung in die Missionsgeschichte. Stuttgart 1995, 66–81.

[2] A. von Harnack, Die Mission und die Ausbreitung des Christentums in den ersten drei Jahrhunderten, Bd. 2. Leipzig ⁴1924, 919.

[3] U. Schoen, Die Kirche der Berber. Über die mutmaßlichen Gründe ihres Aussterbens, in: Th. Sundermeier (Hrsg.), Fides pro mundi vita. Gütersloh 1980, 91–110; Zitat: 91; vgl. ders., Vom Leben und Sterben der Kirche in Nordafrika, in: W. Ustorf/W. Weisse (Hrsg.), Kirchen in Afrika. Erlangen 1979, 19–26.

[4] Vgl. A. Schindler, Das christliche Nordafrika, (2.–7. Jh.), in: TRE I (1977) 640–700 mit umfangreichen Literaturhinweisen.

[5] Ebd. 644.

[6] Zur Geschichte des Islams und seinem schnellen Vordringen vgl. G. Endreß, Einführung in die islamische Geschichte. München ³1997 (mit Literaturhinweisen).

[7] Vgl. C. Courtois, Grégoire VII et l'Afrique du Nord. Remarques sur les communautés chrétiennes d'Afrique au XIᵉ siècle, in: Revue historique 195 (1945) 97–122; 193–226.

[8] Vgl. W. Seston, Sur les derniers temps du christianisme en Afrique, a. a. O. 101–124.

[9] Vgl. L. Hagemann, Christentum und Islam zwischen Konfrontation und Begegnung (Religionswissenschaftliche Studien, Bd. 4). Würzburg–Altenberge 1994.

III. Erste Reaktionen auf den Einbruch des Islams im Westen

[1] Vgl. dazu: in diesem Kapitel, Abschnitt 2.

[2] R. W. Southern, Das Islambild des Mittelalters. Stuttgart–Berlin–Köln–Mainz 1981.

[3] Vgl. G. Graf, Geschichte der christlichen arabischen Literatur, Bd. II (Studi e Testi 133). Città del Vaticano 1947, 145–149 (mit Literaturhinweisen).

[4] In: PG 108, 684B–689B; vgl. dazu A. Th. Khoury, Les Théologiens byzantins et l'Islam. Textes et auteurs (VIIIᵉ – XIIIᵉ s.). Louvain–Paris ²1969, 106–109.

[5] Ed. C. de Boor, Chronographia Theophanis, 2 Bde. Leipzig 1883–1885.

[6] Vgl. ebd. Bd. II, 209.

[7] Vgl. dazu: in diesem Kapitel Abschnitt 2.

[8] Vgl. Petrus Venerabilis, The Letters of Peter the Venerable, ed. G. Constable, I–II. Cambridge/Mass. 1967; hier: I, 295 ff.

[9] J. Ernst, Lukas. Ein theologisches Porträt. Düsseldorf ²1991, 86.

[10] Vgl. Thomas von Aquin, S. Theol. II/II, q. 40 a.1; hierzu: A. Hertz, Die Lehre vom „gerechten Krieg" als ethischer Kompromiß, in: Handbuch der christlichen Ethik, Bd. 3. Freiburg 1982, 425–448; zu Augustinus: 430 ff.; zu Thomas: 435 ff. (Lit.).

[11] H. Ruh, Ist die Lehre vom gerechten Krieg am Ende?, in: F. Stolz (Hrsg.), Religion zu Krieg und Frieden, Zürich 1986, 191–206; Zitat: 195; vgl. E. Drewermann, Der Krieg und das Christentum. Regensburg ²1984, 135 ff.

[12] Vgl. u. a. DH (³⁷1991) n. 480.

[13] H. E. Mayer, Geschichte der Kreuzzüge. Stuttgart–Berlin–Köln–Mainz 1968 (⁶1985), 22.

[14] Ebd.

[15] Ebd. 24.

[16] Vgl. ebd. 26.

[17] Juden gegenüber erwies er sich mit Rückbezug auf Papst Gregor I. als tolerant; vgl. DH (³⁷1991) n. 698.

[18] Zur mailändischen Pataria, einer sozial-religiösen Sammelbewegung des 11. und 12. Jahrhunderts, vgl. E. Werner, Pauperes Christi. Studien zu sozial-religiösen Bewegungen im Zeitalter des Reformpapsttums. Leipzig 1956; ders., Häresie und Gesellschaft im 11. Jahrhundert. Berlin 1975; J. Siegwart, Die Pataria des 11. Jahrhunderts, in: Zeitschrift für Schweizer Kirchengeschichte 71 (1977) 30–92.

[19] H. E. Mayer, Geschichte der Kreuzzüge, a. a. O. 27.

[20] Ebd. 28.

[21] Vgl. E. L. Dietrich, Das Judentum im Zeitalter der Kreuzzüge, in: Saeculum 3 (1952) 94–131; F. Battenberg, Das europäische Zeitalter der Juden. Teilband I: Von den Anfängen bis 1650. Darmstadt 1990, 58–65.

[22] Vgl. viertes Kapitel.

[23] F. Schragl, Kreuzzüge mit anderen Zielsetzungen, in: J. Lenzenweger u. a. (Hrsg.), Geschichte der Katholischen Kirche, Graz–Wien–Köln 1990, 285.

[24] Eigenartig schönfärberisch klingt die Formulierung von H. Wolter: „Die Rückeroberung der Iberischen Halbinsel hatte seit je Kreuzzugscharakter getragen, so daß während des fünften Kreuzzugs die Friesen mit gutem Gewissen auf dem Zug ins Heilige Land sich in Lissabon daran beteiligen konnten": HdK III/2, 359. – Zur Haltung der Päpste vgl. J. M. Powell, The Papacy and the Muslim Frontier, in: ders. (Hrsg.), Muslims and Latin Rule 1100–1300. Princeton 1990, 175–203 (mit Literaturhinweisen).

[25] P. Heine, Art. Reconquista, in: A. Th. Khoury/L. Hagemann/P. Heine, Islam-Lexikon, Bd. 3, Freiburg–Basel–Wien, 1991, 643.

[26] Ebd.

IV. Petrus Venerabilis:
Initiator der ersten lateinischen Koranübersetzung

[1] Muhammad hat wiederholt darauf hingewiesen, daß ihm der Koran eigens als arabischer Koran (Qur'ân 'arabî) geoffenbart worden ist: vgl. Koran 20,113; 26,195; 43,3; 41,3.44; 16,103; 12,2; 39,28; 42,7; 46,12; 13,37 (hukm 'arabî).

[2] Vgl. zum Folgenden L. Hagemann, Die erste lateinische Koranübersetzung – Mittel zur Verständigung zwischen Christen und Muslimen im Mittelalter?, in: A. Zimmermann/I. Craemer-Ruegenberg (Hrsg.), Orientalische Kultur und europäisches Mittelalter (Miscellanea Mediaevalia, Bd. 17). Berlin–New York 1985, 45–58 (mit Literaturhinwesen). Dieser Beitrag ist hier gekürzt aufgenommen.

[3] Petrus Venerabilis kann seine Reise frühestens im Frühjahr 1142 angetreten haben; vgl. C. J. Bishko, Peter the Venerable's journey to Spain, in: StA 40, 164–165.

[4] Petrus Venerabilis, Contra sectam Saracenorum, ed. R. Glei, Petrus Venerabilis – Schriften zum Islam (Corpus Islamo-Christianum, Series Latina, vol. 1), Altenberge 1985, 63.

[5] Ders., Epistola ad Bernardum Claraevallis, ed. R. Glei, Petrus Venerabilis – Schriften zum Islam, a. a. O. 25.

[6] Vgl. Petrus Venerabilis, Contra sectam Saracenorum, ed. R. Glei, Petrus Venerabilis – Schriften zum Islam, a. a. O. 55.

[7] Praefatio Roberti Translatoris ad Dominum Petrum Abbatem Cluniacensem etc., in: Th. Bibliander, Machumetis Sarracenorum principis vita ac doctrina etc., vol. I. Basel 1543, 7–8.

[8] Vgl. WA (= D. Martin Luthers Werke, Gesamtausgabe [„Weimarer Ausgabe"]. Weimar 1883 ff.) 53, 561–569; W. Köhler, Zu Biblianders Koran-Ausgabe, in: Zwingliana 3/11 (1918) 349–350.

[9] Zu Martin Luthers Stellung zum Islam siehe: Sechstes Kapitel, Abschnitt 2.

V. Die Orden der Franziskaner und Dominikaner
in ihrer Auseinandersetzung mit dem Islam: Vier Beispiele

[1] D. Berg, Kreuzzugsbewegung und Propagatio fidei. Das Problem der Franziskanermission im 13. Jahrhundert und das Bild von der islamischen Welt in der zeitgenössischen Ordenshistoriographie, in: A. Zimmermann/I. Craemer-Ruegenberg (Hrsg.), Orientalische Kultur und europäisches Mittelalter (Miscellanea Mediaevalia 17). Berlin–New York 1985, 59–76; Zitat: 61.

[2] H. Feld, Franziskus von Assisi und seine Bewegung. Darmstadt 1994, 296.

[3] J. Glazik, Die Mission der Bettelorden außerhalb Europas, in: HdK III/2, 480.

⁴ H. Wolter, Der Kampf der Kurie um die Führung im Abendland, in: HdK III/2, 241.

⁵ H. E. Mayer, Geschichte der Kreuzzüge, a. a. O. 188.

⁶ Vgl. E. Werner/M. Erbstößer, Kleriker, Mönche, Ketzer. Das religiöse Leben im Hochmittelalter (Herder Spektrum 4284). Freiburg–Basel–Wien 1994, 398 ff.

⁷ Ebd. 399.

⁸ H. E. Mayer, Geschichte der Kreuzzüge, a. a. O. 199 f. – Zu den legendarisch verfärbten Überlieferungen, die über die näheren Umstände seines Aufenthaltes beim Sultan berichten, vgl. auch H. Feld, Franziskus von Assisi und seine Bewegung, a. a. O. 297–300.

⁹ Thomas Aq., De rationibus fidei, eingeleitet und ediert von H.-F. Dondaine. Romae 1968 (= ed. Leon. t. XL/B); L. Hagemann/R. Glei (Hrsg.), Thomas von Aquin: De rationibus fidei. Kommentierte lateinisch-deutsche Textausgabe (Corpus Islamo-Christianum, Series Latina 2). Altenberge 1987; vgl. L. Hagemann, Missionstheoretische Ansätze bei Thomas von Aquin in seiner Schrift „De rationibus fidei", in: A. Zimmermann (Hrsg.), Thomas von Aquin (Miscellanea Medievalia, Bd. 19). Berlin–New York 1988, 459–483 (mit Literaturhinweisen). Dieser Beitrag wird hier in gekürzter und überarbeiteter Form wiedergegeben.

¹⁰ Vgl. Thomas Aq., Summa contra Gentiles (= S. c. Gent.). Romae 1918–1930 (= ed. Leon. t. XIII–XV).

¹¹ Näheres dazu weiter unten in Kapitel V, 2b

¹² M. Grabmann, Die Schrift: De rationibus fidei contra Saracenos Graecos et Armenos ad Cantorem Antiochenum des heiligen Thomas von Aquin, in: Scholastik 17 (1942), 187–216, hier: 191.

¹³ Ebd. 192.

¹⁴ Angaben in Klammern beziehen sich – soweit nicht anders vermerkt – auf die Absatz- und Zeilenzählung der Ausgabe von L. Hagemann/R. Glei (Hrsg.), Thomas von Aquin: De rationibus fidei. Kommentierte lateinisch-deutsche Textausgabe (Corpus Islamo-Christianum, Series Latina 2). Altenberge 1987.

¹⁵ Vgl. Koran 9, 51; 15, 60; 25, 2; 27, 57; 57, 22; 11, 107; bezüglich der Bestimmungen zum Glauben oder Unglauben vgl. ebd. 2, 6 f.; 6, 25; 18, 57; 32, 13 f.; 45, 23; betreffs Rechtleitung und Irreführung s. 6, 39 125; 7, 178 186; 13, 33; 14, 4; 16, 37.93; 19, 97; 18, 17; 35, 8; 39, 23.37.

¹⁶ Vgl. ebd. 40, 17; 4, 79; nach Sure 18, 29 liegen Glaube beziehungsweise Unglaube in Menschenhand. – Koran 14, 4 und 18, 29 sind kontradiktorisch sich ausschließende Verse.

¹⁷ Zur Lehre der Djabriten, Ash'ariten und Mu'taziliten vgl. H. Stieglecker, Die Glaubenslehren des Islam. Paderborn–München–Wien 1962, 101–111.

¹⁸ Vgl. S. c. Gent. I, c. 64–71; S. theol. I q. 14 a. 13 u. ö. Hierzu: M. Grabmann, Die Schrift: De rationibus fidei etc., a. a. O. 212–216.

¹⁹ Vgl. H.-F. Dondaine, Einleitung zu De rationibus fidei, a. a. O. 8 ff.

[20] E. Kellerhals, Art. Islam II, in: RGG Bd. III (1959), Sp. 620 f.

[21] M. D. Chenu, Das Werk des Hl. Thomas von Aquin. Heidelberg 1960, 83 f.

[22] N. Daniel, Islam and the West. The Making of an Image, Edinburgh 1966, 119.

[23] Vgl. dazu die detaillierten Forschungsergebnisse von P. Engels, Notitia de Machometo – De statu Sarracenorum. Kommentierte lateinisch-deutsche Textausgabe (Corpus Islamo-Christianum, Series Latina, vol. 4). Würzburg–Altenberge 1992.

[24] Vgl. ebd. 35 ff.

[25] Vgl. den Überblick über die christlichen Missionsversuche in Spanien und Nordafrika während des 13. Jahrhunderts bei R. I. Burns, Christian-Islamic Confrontation in the West: The Thirteenth-Century Dream of Conversion, in: American Historical Review 76 (1971),1386–1434.

[26] B. Z. Vedar, Crusade and Mission. European Approaches toward the Muslims, Princeton 1984, 155.

[27] De statu Sarracenorum, cap. 55, ed. P. Engels, a. a. O. 371.

[28] Vgl. ebd. 69–74.

[29] Vgl. ebd. 26–28.

[30] Ebd. 71.

[31] Ebd.

[32] Ebd.

[33] Ed. P. Engels, a. a. O. 194–261.

[34] Ebd. 195.

[35] Ed. P. Engels, a. a. O. 266–371.

[36] Ebd. 267.

[37] Ebd. 261.

[38] Vgl. „De statu Sarracenorum", Cap. 48–55, a. a. O. 360 ff. – Zur Annahme, das Ende des Islams stehe bevor, vgl. P. Engels, a. a. O. 432, Anm. 332.

[39] P. A. Throop, Criticism of Crusade. A Study of Public Opinion and Crusade Propaganda. Amsterdam 1940, 122; 124.

[40] P. Kaweran, Ostkirchengeschichte, 4 Bde. (Corpus Scriptorum Christianorum Orientalium 441.442.451.456). Leuven 1982–1984; hier: Bd. 3, 148.

[41] Vgl. A. Robles Sierra, Fray Ramón Marti des Subirats. Caleruega 1986; K.-P. Toldt, Raimundus Marti, in: Biographisch-Bibliographisches Kirchenlexikon, Bd. VII. Herzberg 1994, 1287–1289; Th. Kaeppeli, Scriptores Ordinis Praedicatorum Medii Aevi III. Rom 1970, 281–283.

[42] Vgl. A. Robles Sierra, Raimundi Martini Capistrum Iudaeorum I/II (Corpus Islamo-Christianum: Series Latina 3 und 5). Würzburg–Altenberge 1990 und 1993.

[43] Vgl. A. Cortabarria Beitia, L'Étude des langues au Moyen Age chez les Dominicains, a. a. O. 230; W. P. Eckert, in: K. H. Rengstorf/S. v. Kortzfleisch (Hrsg.), Kirche und Synagoge. Handbuch zur Geschichte von Christen und Juden I. Stuttgart 1968, Taschenbuchausgabe 1988, 233–235.

[44] Vgl. zur schriftstellerischen Tätigkeit der Dominikaner Th. Kaeppeli, Scriptores Ordinis Praedicatorum Medii Aevi, 3 Bde. Rom. 1970–1980.

⁴⁵ Vgl. H. Barge, Der Dominikanermönch Ricoldus und seine Missionsreise nach dem Orient, in: Allgemeine Missionszeitschrift 43 (1916) 27–40; U. Monneret de Villard, La Vita, le opere e i viaggi di fratre Ricoldo de Montecroce O. P., in: OrChrP 10 (1944) 227–274; ders., Il libro della Peregrinazione nelle parti d'Oriente di fratre Ricoldo de Montecroce. Rom 1948; A. Dondaine, Ricoldiana. Notes sur les œuvres de Ricoldo da Montecroce, in: Archivum Fratrum Praedicatorum 37 (1967) 119–179; J.-M. Mérigoux, Un précurseur du dialogue islamo-chrétien, Frère Ricoldo (1243–1320), in: Revue Thomiste (1973) 609–621; Th. Kaeppeli, Scriptores Ordinis Praedictorum Medii Aevi III, a. a. O. 308–310.

⁴⁶ Zu seinen Reisen vgl. U. Monneret de Villard, Il libro della Peregrinazione nelle parti d'Oriente di fratre Ricoldo de Montecroce. Rom 1984.

⁴⁷ Vgl. zum Kloster selbst F.-M. Abel, Le couvent des Frères Prêcheurs à Saint Jean d'Acre, in: Revue Biblique 43 (1934) 265–284; EI², Art. 'Akkâ.

⁴⁸ Riccoldo da Monte di Croce, Contra legem Sarracenorum, ed. J. M. Mérigoux, in: Memorie Dominicane N. S. 17 (1986) 60–142. Wir zitieren nach dieser Edition das Werk als CLS. Vgl. auch die Einleitung zur Edition: J. M. Mérigoux, L'ouvrage d'un frère Prêcheur florentin en Orient à la fin du XIIIᵉ siècle, in: ebd. 1–58. – Die Schreibweise „Sarraceni" („Saraceni") bzw. „Alchoran" („Alcoran") ist bei J. M. Mérigoux uneinheitlich.

⁴⁹ CLS, prol. 66–69, a. a. O. 63.

⁵⁰ Vgl. ebd., c. 8, 7 ff., a. a. O. 90 ff.

⁵¹ Vgl. ebd., c. 8, 71 ff., a. a. O. 93 ff.

⁵² Vgl. ebd., c. 8, 123 ff., a. a. O. 94 ff.

⁵³ Vgl. ebd., c. 8, 132 ff., a. a. O. 95.

⁵⁴ Vgl. ebd., c. 8, 145 ff., a. a. O. 95 ff.

⁵⁵ Vgl. ebd., c. 9, 35 ff., a. a. O. 101; ebd. c. 9, 60 ff., a. a. O. 102.

⁵⁶ Vgl. ebd., c. 9, 145 ff., a. a. O. 104 ff. – Vgl. Koran 5,116–117; 5,17.

⁵⁷ Vgl. ebd., c. 16, a. a. O. 136 ff.

⁵⁸ Vgl. ebd., c. 10, a. a. O. 109 ff.

⁵⁹ Vgl. ebd., c. 16, 59 ff., a. a. O. 138.

⁶⁰ Ebd., c. 16, 66–67, a. a. O. 142.

⁶¹ Hier war es besonders die Schrift *Confutatio Alcorani*, die einen gewissen Einfluß ausgeübt hatte (Ehmann, J., Ricoldus de Monte Crucis: Confutatio Alcorani (1300) – Martin Luther: Verlegung des Alcoran (1542). Kommentierte lat.-dt. Textausgabe (Corpus Islamo-Christianum, Series Latina, vol. 6). Würzburg–Altenberge 1999). Vgl. hierzu: Sechstes Kapitel, Abschnitte 1 und 2 in diesem Buch.

⁶² Vgl. E. Colomer, Raimund Lulls Stellung zu den Andersgläubigen: Zwischen Zwie- und Streitgespräch, in: B. Lewis/F. Niewöhner (Hrsg.), Religionsgespräche im Mittelalter (Wolfenbütteler Mittelalter-Studien, Bd. 4). Wiesbaden 1992, 217–236.

⁶³ B. Altaner, Glaubenszwang und Glaubensfreiheit bei Raymundus Lullus, in: HJ 48 (1928) 586; zu Lull als Missionstheologe vgl. R. Sygranyes de Franch, Raymond Lull, docteur des missions. Schöneck–Beckenried 1954.

[64] Vgl. E. W. Platzeck, Raimund Lull. Sein Leben – seine Werke. Die Grundlagen seines Denkens I/II (Bibliotheca Franciscana 5/6). Düsseldorf 1962–64.

[65] W. A. Euler, Unitas et Pax. Religionsvergleich bei Raimundus Lullus und Nikolaus von Kues (Religionswissenschaftliche Studien 15). Würzburg–Altenberge 1990, 36.

[66] „Libre de Sancta Maria", in: Obres essencials I, 1212.

[67] Vgl. L. Hagemann, Der Islam als Anfrage. Schritte auf dem Weg: Raymundus Lullus und Nicolaus Cusanus, in: K. Hilpert/J. Werbick (Hrsg.), Mit den Anderen leben. Wege zur Toleranz. Düsseldorf 1995, 70–85.

[68] Vgl. „Liber de gentili et tribus sapientibus" (MOG II, 25–113); „De adventu Messiae" prol., ed. C. Ottoviano, in: Estudis Universitaris Catalans 14 (1929), 4.

[69] „Liber de demonstratione per aequiparantiam" (ROL IX, 221).

[70] W. A. Euler, Unitas et Pax, a. a. O. 89.

[71] Vgl. z. B. „Liber de quinque sapientibus": „... ad probationem, quam volo dare, possent applicari multae auctoritates; verum quia nulla vera auctoritas potest esse contraria necessariae rationi, et auctoritates possunt diversimode exponi, et de ipsis haberi diversae opiniones, nolumus in hoc Tractatu mentionem facere de auctoritatibus, quod necessarias probationes" (MOG II, 128); „De adventu Messiae": „nam ratio necessaria est aptior intellectu; quam glose seu expositio auctoritatum", ed. C. Ottaviano, in: Estudis Universitaris Catalans 14 (1929) 4; „Liber contemplationis", c. 187: „... multo melius ducitur ad veritatem homo subtilis per rationes, quam per fidem et auctoritates ..." (MOG IX, 455). Zur „Theorie der 'rationes necessariae' im Kontext der philosophisch-theologischen Prinzipien Lulls" vgl. W. A. Euler, Unitas et Pax, a. a. O. 91 ff. Möglicherweise sind die Ursprünge seiner Konzeption in muslimischen Vorbildern zu finden, näherhin bei Ibn Hazm (994–1064): „Most importantly in Ibn Hazm's concept of baharin darnriyya, 'necessary demonstrations', we have found the origin of one of Lull's most controversial notions, that of giving 'rationes necessariae' for doctrines of the faith", so Ch. Lohr, Christianus arabicus, cuius nomen Raimundus Lullus, Zitat: 81.

[72] E. Colomer, Raimund Lulls Stellung zu den Andersgläubigen, a. a. O. 219.

[73] Vgl. A. Llinarès, Raymond Lull, Philosoph de l'Action. Paris 1963, 269 f.

[74] B. Altaner, Glaubenszwang und Glaubensfreiheit in der Missionstheorie des Raymundus Lullus, a. a. O. 586 ff.

[75] E. Colomer, Raimund Lulls Stellung zu den Andersgläubigen, a. a. O. 234.

[76] „Liber disputationis Petri et Raimundi sive Phantasticus" (ROL XVI, op. 190, 15).

VI. Der Koran in Verständnis und Kritik
bei Nikolaus von Kues und Martin Luther

[1] Nicolai de Cusa, Opera omnia iussu et auctoritate Academiae Litterarum Heidelbergensis ad codicum fidem edita, vol. VIII: Cribratio Alkorani, ed. L. Hagemann. Hamburgi 1986 (= h VIII). – Die erste deutsche Übersetzung mit Kommentierung: Nikolaus von Kues, Cribratio Alkorani – Sichtung des Korans. 3 Bde. Lat.-dt. von L. Hagemann/R. Glei (Philosophische Bibliothek 420 a–c). Hamburg 1989–93.

[2] Vgl. L. Hagemann, Der Kur'an in Verständnis und Kritik bei Nikolaus von Kues. Ein Beitrag zur Erhellung islamisch-christlicher Geschichte (FThSt 21). Frankfurt 1976.

[3] Vgl. Nicolai de Cusa, Opera omnia iussu et auctoritate Academiae Litterarum Heidelbergensis ad codicum fidem edita, vol. VII: De pace fidei, ed. R. Klibansky et H. Bascour. Hamburgi 1959 (= h VII); Nicolaus von Cues, Über den Frieden im Glauben, hrsg. von L. Mohler (NvKdÜ, Heft 8, Philosophische Bibliothek, Bd. 223). Leipzig 1943.

[4] Nicolai de Cusa, Epistola ad Ioannem de Segobia (h VII 99,22–25).

[5] G. Hölscher, Anmerkungen zur Sichtung des Alkorans (NvKdÜ, Heft 7), a. a. O. 181; 201; 205; 226.

[6] P. Naumann, Einführung zur Sichtung des Alkorans (NvKdÜ, Heft 6), a. a. O. 66.

[7] Vgl. Crib. Alk. II,7 n. 103 (h VIII, 84).

[8] Epistula ad Ioannem de Segobia (h VII 98,18).

[9] A. Th. Khoury, Die Christologie des Korans, in: ZMR 52 (1968) 59.

[10] Cod. Cus. 108, fol. 37va, 7sqq.

[11] De pace fidei c. 12 n. 36–41 (h VII 35–39).

[12] Crib. Alk. I,3 n. 28 (h VIII, 28sq.).

[13] Cod. Cus. 108, fol. 33rb, 9–13; Crib. Alk. III,14 n. 209 (h VIII, 166).

[14] Vgl. Koran 53,38; 6,164b; 39,70.

[15] Vgl. Koran 104,1–3; 29,57; 21,35; 3,185. Nur Gott ist von Natur aus ewig und unsterblich; vgl. Koran 112,1–4.

[16] Crib. Alk. III,19 n. 229–231 (fol. 105^{rv}).

[17] B. Decker, Nikolaus von Cues und der Friede unter den Religionen (Studien und Texte zur Geistesgeschichte des Mittelalters, Bd. III). Leiden–Köln ²1959, 119.

[18] De pace fidei c. 13 n. 42sqq. (h VII 39 sqq.).

[19] Vgl. Crib. Alk. II,2–10.

[20] Crib. Alk. II,9 (h VIII, 87 sq); dt. Übersetzung von L. Hagemann und R. Glei: NvKdÜ, H. 20 (Philosophische Bibliothek 420 b). Hamburg 1990, 25.

[21] Crib. Alk. II,9 n. 110 (h VIII, 88 sq.); NvKdÜ, H. 20, a. a. O. 27.

[22] Ebd.

[23] Vgl. L. Hagemann, Der Islam in Verständnis und Kritik bei Martin Luther, in: TThZ 103. Jg., H. 2 (1994) 131–151 (hier gekürzt wiedergegeben).

[24] D. Martin Luthers Werke, Gesamtausgabe („Weimarer Ausgabe"). Weimar 1883 ff.: WA 30/2,107,9.

[25] WA 30/2,107–148.

[26] Ebd. 160–197.

[27] WA 19,623–662.

[28] Ebd. 662,9.

[29] Ebd. 622,15–16.

[30] Vier tröstliche Psalmen an die Königin zu Ungarn, in: WA 19,552–615.

[31] Vom kriege widder die Türcken, a. a. O. 116,16–17.

[32] Vgl. WA 1,535,35–39.

[33] H. Denzinger, Enchiridion symbolorum etc., hrsg. v. P. Hünermann. Freiburg–Basel–Wien [37]1991, Nr. 1484.

[34] WA 7,94–151.

[35] Ebd. 308–457.

[36] Ebd. 443,5–6.

[37] Ebd. 443,19–21.

[38] Ebd. 443,23–25; vgl. Jos 7,11 ff. sowie Ri 20,12 ff.

[39] Vom kriege widder die Türcken a. a. O. 129,20–23; vgl. ebd. 129,30–33: „Nu kan ich mich keines wunderzeichens noch sonderlicher Gottes gnaden uber Deudschland versehen, wo man sich nicht bessert und das wort Gottes anders ehret, denn bisher geschehen." – Vermanunge zum Gebet Wider den Türcken (1541), in: WA 51, 594,26–28: „Also ist der Tuerck auch unser Schulmeister und mus uns steupen (d. i. züchtigen) und leren, Gott furchten und beten, sonst verfaulen wir gantz in sunden und aller sicherheit, wie bisher geschehen." – Grund und ursach aller Artickel D. Marti. Luther, szo durch Romische Bulle unrechtlich vordampt seyn, a. a. O. 443,28–29: „Got fragt nit nach kreutzen, Ablasz, streitten. Er wil ein gut leben haben". – Vom kriege widder die Türcken, a. a. O. 123,16–18: „Darumb bete wer da beten kan, das solcher grewel nicht unser herr werde und wir nicht mit solcher schrecklichen rute des Goettlichen zorns gestrafft werden": vgl. ebd. 124,15–19; 129,10–15. – Heerpredigt widder den Tuercken, a. a. O. 180,14–15: „Aber weil der Tuercke gleichwol Gottes rute und eine plage ist über die sunde beide der Christen und unchristen oder falschen Christen …" – Vgl. auch Luthers Vorrede zur deutschen Übersetzung der Schrift des Ricoldus de Monte Crucis, Contra legem Saracenorum, in: WA 53,274,15–25. – Vermanunge zum Gebet Wider den Türcken, a. a. O. 608,24–32.

[40] WA 51,577–625.

[41] Vom kriege widder die Türcken, a. a. O. 117,11–12; vgl. ebd. 117,12–120,24. – Heerpredigt widder den Tuercken, a. a. O. 185,28–31: „Darumb merck auff mein lieber bruder, las dich warnen und vermanen, das du ia ym rechten Christen glauben bleibest und deinen lieben Herrn und heiland Jhesum Christum, der fur deine sunde gestorben ist, nicht verleugnest noch vergessest." – Vorrhede Martini Luthers auff das XXXVIII. und XXXIX. Capitel Hesechiel vom Gog, in: WA 30/2,225,36: „So bekere sich nu jdermann, fuerchte Gott und ehre sein Euangelion …"

⁴² WA 30/2,113,16–18.

⁴³ Ebd. 115,1–3.

⁴⁴ Martin Luther begründet seine Haltung so: „… Erstlich, so man widder den Turcken kriegen wil, das man dasselbige thu unter des Keysers gebot, panir und namen. Denn da kan ein iglicher sein gewissen sichern, das er gewislich ym gehorsam Goettlicher ordnung gehet, weil wir wissen, das der keyser unser rechter Oberherr und heubt ist, Und wer yhm ynn solchem fal gehorsam ist, der ist auch Gott gehorsam, Wer yhm aber ungehorsam ist, der ist Gott auch ungehorsam. Stirbet er aber ym gehorsam, so stirbt er ynn gutem stande und wo er sonst gebuesset hat und an Christum gleubt, so wird er selig … Zum andern: Solch panier des Keysers und gehorsam sol recht und einfeltig sein, das der Keyser nichts anders sueche denn einfeltiglich das werck und schuld seines Ampts, seine unterthanen zu schuetzen, Und die so unter seinem panier sind auch suchen einfeltiglich das werck und schuld des gehorsams. Diese einfeltigkeit soltu also verstehen, das man nicht widder den Turcken streite aus den ursachen, damit bisher die Keyser und Fuersten zu streiten gereitzt sind, als das sie grosse ehre, ruhm und gut gewinnen, land mehren odder aus zorn und rachgyrigkeit und was der gleichen stueck sind. Denn darynn wird eitel eigen nutz gesucht und nicht die gerechtigkeit odder gehorsam. Darumb auch bisher kein glueck gewest ist bey uns, widder zu streiten noch zu ratschlahen vom streit widder den Turcken": Vom kriege widder die Türcken, a. a. O. 129,35–130,31.

⁴⁵ Ebd. 111,1314.

⁴⁶ Heerpredigt widder den Tuercken, a. a. O. 173,29–174,2.

⁴⁷ WA 11,245–281.

⁴⁸ Heerpredigt widder den Tuercken, a. a. O. 179,15–24: „Sondern weil die Christen mit leib und gut Weltlicher oeberkeit unterworffen sind Und sie alle, ein iglicher von seiner oeberkeit zum streit widder den Tuercken gefoddert und beruffen werden, sollen sie thun als die trewen gehorsamen unterthanen (wie sie denn gewislich thun, so sie rechte Christen sind) und mit freuden die faust regen und getrost drein schlahen, morden, rauben und schaden thun, so viel sie ymer muegen, weil sie eine ader (= Sehne) regen können. Denn solchs gebeut yhn yhr welltliche oeberkeit, welcher sie gehorsam und solchen dienst schueldig sind, Und Gott von yhn wil haben bis yn den tod hinein, zun Roemern am dreyzehenden, Titum am dritten Capitel"; vgl. Röm 13,1 sowie Tit 3,1.

⁴⁹ Heerpredigt widder den Tuercken, a. a. O. 161,29–31.

⁵⁰ Ebd. 161,32–162,1.

⁵¹ WA 30/2,149.

⁵² Ebd. 161,26–29; vgl. Dan 7,25. – Vorrhede Martin Luthers auff das XXXVIII. und XXXIX: Capitel Hesechiel vom Gog, a. a. O. 223,4–10: „Weil ynn der offenbarunge Sanct Johannis am zwenzigsten Capitel (Apk 20,8) der Gog wird beschrieben, wie er mit grossem heer, wie sand am meer unzelich, widder die Christenheit streiten und endlich mit feuer vom himel zerstoeret werden sol, Welchen wie fur den Tuercken halten, Habe ich mir, weil ich hie

so muessig sitze, furgenommen, die zwey Capitel Hesechiel, nemlich das
XXXVIII. und XXXIX. auch zu verdeudschen …" Luther deutet diese beiden Kapitel auf die Bedrängnis, in die die Christen (= Israel) durch die Türken
(= Gog und Magog) kommen würden sowie auf den Untergang der Türken
durch ein göttliches Strafgericht; vgl. ebd. 224,34–225,8. Diese Interpretation
finden wir schon in Luthers Briefen an Wenzeslaus Linck vom 7. März und
an Nikolaus Hausmann vom 26. Oktober 1529, in: WA 30/2,220 Anm. 4.

[53] Herrpredigt widder den Tuercken, a. a. O. 162,1–14.

[54] Vgl. Verlegung Mart. Luther, in: WA 53,396,18–22: „Sollen wir nu
glueck haben wider den Mahmet, den eusserlichen Feind der Christenheit,
So werden wir zuvor muessen dem inwendigen Feinde, den Endechrist, mit
seinem Teuffel absagen durch rechtschaffene Busse und uns zu unserem
Herrn und Heilande Jhesu Christo mit rechtem Ernst und einfeltigem Her-
zen keren …"

[55] Vom kriege widder die Türcken, a. a. O. 129,1–5.

[56] Ebd. 142,27–30: „Was wollen wir denn nu thun? sollen wir widder das
Bapstum auch kriegen so wol als widder Tuercken, weil einer so frum ist als
der ander? Antwort: Einem wie dem andern, so geschieht niemand unrecht,
Denn gleiche sunde sol gleiche straffe haben."

[57] WA 6,404–469.

[58] Ebd. 427,16 ff. – Schon in seiner deutschen Übersetzung der Abend-
mahlsbulle von 1521, in der Luther den Häretikern zugezählt worden war,
hatte er in seiner Glossierung zum 6. Kapitel den Papst mit dem Türken
verglichen: „Er vormaledeyet die den Turcken und Sarcener eyszen und holtz
tzufuren, das man achten solle, es sey seynn ernst, der Christenheit guts tzu-
thun. Wen ehr aber Christus stadthalter were, so wurde er auff seyne fusse
tretten, hyngehen und den Turcken das Euangeli predigen, daran setzen leyb
und leben: das were eyn Christlich weysze, die Turcken zubestreytten und die
Christenheyt mehren und schutzen. Denn wo tzu dienet es, das man dem
Turcken leyplich weret? Was thut der Turck boszes? Er nympt land eyn und
regirt tzeytlich. Mussen wir doch dasselb auch vom Bapst selbs leyden, der
unsz doch leyb und leben schindet, wilchs der Turck nicht thut! Datzu lest
der Turck einen yglichen in seynem glauben bleyben: das thut der Bapst auch
nicht, szondern tzwingt alle welt vom Christen glauben auff seyn teuffelische
lugen, das freylich an leyb, gut und seel des Bapsts regiment tzehen mal erger
ist denn des Turcken. Und wen nicht Christus selbs den Endchrist sturtzen
solt nach der schrifft und man yhe den Turcken vortilgen wolt, must man an
den Bapst abfahen": Bulla Cene domini, das ist, die bulla vom Abentfressen
des allerheyligsten hern, des Bapsts, verdeudtscht durch Martin Luther. 1522,
in: WA 8,691–720; Zitat: 708,27–709,8.

[59] Verlegung Mart. Luther, a. a. O. 394,31–395,5.

[60] Vermanunge zum Gebet Wider den Türcken, a. a. O. 620,26–30.

[61] Der Prophet Habacuc (1526), in: WA 19,360,16–17.

[62] Vom Kriege widder die Türcken, a. a. O. 126,1–2.

[63] Ebd. 124,9–11.

[64] Ebd. 124,12–17; vgl. auch ebd. 126,10–14: „Weil denn nu des Mahometh Alkoran so ein grosser manchfeltiger luegen geist ist, das er schier nicht lest bleiben der Christlichen warheit: wie solt es anders folgen und ergehen, denn das er auch ein so grosser mechtiger moerder wuerde und alles beides unter dem schein der warheit und gerechtigkeit?"

[65] Dieser Vorwurf gehört zum Allgemeingut der antiislamischen Polemik sowohl byzantinischer wie lateinischer Provenienz. Zur byzantinischen Polemik vgl. Λ. Th. Khoury, Polémique byzantine contre l'Islam (VIIIᵉ – XIIIᵉ s.). Leiden 1972, 345–352; zur lateinischen Polemik vgl. L. Hagemann, Der Kur'an in Verständnis und Kritik bei Nikolaus von Kues, a. a. O. 104–105. Vgl. als Beispiel aus der lateinischen Tradition die Schrift des Ricoldus, Contra legem Saracenorum, die Luther 1542 ins Deutsche übersetzte. Ricoldus schreibt im Vorwort seiner Arbeit: „... in temporibus Heraclij insurrexit veritati et dei ecclesiae homo quidam diabolus primogenitus sathanae ... Mahometus, qui consilio et auxilio illius, qui mendax et mendacij pater est, iniquam et mendacij plenam, tamquam ex diuino ore prolatam legem composuit, quam quidem legem Alcoranum nominauit ...", in: WA 53,277,16–20. Luther übersetzte diese Stelle so: „Zur zeit des Keiser Heraclij ist auffkomen ein Mensch, ja ein Teuffel, und ein Erst gebornes Kind des Satans, wider die Wahrheit und wider die Christliche Kirche ... mit namen Mahmet. Der hat aus eingeben und huelffe des, der ein Luegener und ein vater aller Luegen ist, ein Gesetz lassen ausgehen, voller Luegen und unrechts, doch mit dem schein, als were es aus dem munde Gottes gesprochen, dasselbe hat er genennet Alcoran ...", in: WA 53,276,30–36.

[66] Vom kriege widder die Türcken, a. a. O. 123,31–34.

[67] Vgl. Koran 61,11; 9,41 u. ö.

[68] Vgl. Vom kriege widder die Türcken, a. a. O. 123,20.

[69] Ebd. 126,14–16.

[70] Vgl. L. Hagemann, Christentum und Islam zwischen Konfrontation und Begegnung; a. a. O. 46–49 (mit Literaturhinweisen).

[71] Vom kriege widder die Türcken, a. a. O. 126,21 f.

[72] Vom kriege widder die Türcken, a. a. O. 126,21–30; vgl. seine Vermanunge zum gebet Wider den Türcken, a. a. O. 621,17–18: „Der Türcke reisst Man und Weib von einander und gibt und verkeufft die Frawen, als werens Küe oder Kelber." – „Das ist hunde und saw hochzeit, keine Ehe", schreibt Luther in einer Randglosse seiner Übersetzung der Schrift des Ricoldus, Contra legem Saracenorum, in: WA 53,320.

[73] Heerpredigt widder den Tuercken, a. a. O. 186,3–8.

[74] Ebd. 186,8–14.

[75] Ebd. 186,15–17.

[76] Vom kriege widder die Türcken, a. a. O. 123,7–9.

[77] Ebd. 122,2–5; vgl. Heerpredigt widder den Tuercken, a. a. O. 168,20.

[78] Vgl. Koran 43,59; 4,172; 19,30.93; 5,17.72 116–117.

[79] Vom kriege widder die Türcken, a. a. O. 120,9–11.

[80] Ebd. 122,19–24.

[81] Ausdrücklich hebt Martin Luther folgende positive Eigenschaften hervor: „Unter andern ergernissen bey den Tuercken ist das wol das fuernemeste, Das yhre priester odder geistlichen solch ein ernst, dapffer, strenge leben fueren, das man sie moecht für Engel und nicht fuer menschen ansehen, das mit allen unsern geistlichen und mönchen ym Bapstum ein schertz ist gegen sie … Zum andern wirstu auch finden das sie ynn yhren kirchen offt zum gebet zu samen komen und mit solcher zucht, stille und schoenen eusserlichen geberden beten, das bey uns ynn unsern kirchen solche zucht und stille auch nirgent zu finden ist. … Zum dritten wirstu auch walfarten zu den Tuerckischen heiligen daselbst finden, die doch nicht ym Christen glauben, sondern ym Mahomets glauben gestorben sind, wie sie bekennen und rhuemen … Zum vierden wirstu sehen bey den Tuercken nach dem eusserlichen wandel ein dapffer strenge und ehrbarlich wesen: Sie trincken nicht wein, sauffen und fressen nicht so, wie wir thun, kleiden sich nicht so leichtfertiglich und froehlich, bawen nicht so prechtig, brangen auch nicht so, schweren und fluchen nicht so, haben grossen trefflichen gehorsam, zucht und ehre gegen yhren Keiser und Herrn, Und haben yhr regiment eusserlich gefasset und ym schwanck, wie wirs gerne haben wolten ynn Deudschen landen…": Heerpredigt widder den Tuercken, a. a. O. 187,1–190,1.

[82] Verlegung Mart. Luther, a. a. O. 393,23.

[83] Heerpredigt widder den Tuercken, a. a. O. 190,20–21

[84] WA 53,272,9 ff.

[85] Vgl. Vorwort zum „Libellus de ritu et moribus Turcorum", in: WA 30/2,205,8.

[86] WA 53,272,16 ff.

[87] Vom kriege widder die Türcken, a. a. O. 121,30–31.

[88] Ebd. 121,31–122,2.

[89] WA 53,272,18–19.

[90] Hactenus enim cum vehementer cuperem nosse religionem et mores Mahomistarum, nihil offerebatur quam quaedam confutatio Alkorani et item Cribratio Alkorani N. de Cusa", in: WA 30/2,205,4–7.

[91] „Videbatur sane tam ille Confutator quam Cribrator pio studio Christinanos simpliciores velle a Mahometo absterrere et in Fide Christi retinere", in: WA 30/2,205,8–10.

[92] „Sed dum nimio student quaeque turpissima et absurdissima ex Alkorano excerpere, quae ad odium faciunt et ad invidiam novere possint vulgum, et bona, quae in eo sunt, vel transeunt non confutata vel occulunt, factum est, ut parum fidei et autoritatis invenerint, quasi vel odio illorum vel impotentia confutandi sua vulgarint", in: WA 30/2,205,10–15.

[93] WA 53,272,6–19.

[94] Ebd. 272,12–15.

[95] Ebd. 272,30–31.

[96] Ebd. 272,14–15.

[97] Vgl. O. Menzel, Johannes Kymeus: Des Babsts Hercules wider die Deudschen, in: Cusanus-Studien VI. Heidelberg 1941,1–83.

[98] WA 53,272,31 ff.

[99] Luthers Brief an den Rath zu Basel, in: K. R. Hagenbach, Luther und der Koran vor dem Rathe zu Basel, in: Beiträge zur vaterländischen Geschichte IX (1870), 299.

[100] Vgl. WA 53,561–569.

[101] Vgl. WA 53,569–572.

VII. Die Zeit der Aufklärung

[1] „Beantwortung der Frage: Was ist Aufklärung?", zitiert nach der Ausgabe von W. Weischedel (Hrsg.), Immanuel Kant. Werke in sechs Bänden. Darmstadt 1983 (= [4]1964); hier: Bd. VI, 51–61.

[2] A 481.

[3] Vgl. G. W. F. Hegel, Phänomenologie des Geistes, hrsg. v. J. Hoffmeister. Hamburg [6]1952, 407. – Vgl. W. Oelmüller, Die unbefriedigte Aufklärung. Beiträge zu einer Theorie der Moderne von Lessing, Kant und Hegel. Frankfurt/M. 1969.

[4] A 492.

[5] Ebd.

[6] A 486–487.

[7] A 487.

[8] Ebd.

[9] A 487–488.

[10] A 488.

[11] A 490.

[12] Vgl. A. Th. Khoury/L. Hagemann, Christentum und Christen im Denken zeitgenössischer Muslime (Religionswissenschaftliche Studien, Bd. 7). Würzburg–Altenberge [2]1994.

[13] De religione Mohammedica, libri duo. Trajecti ad Rhenum 1705; [2]1717. Übersetzungen ins Deutsche, Englische, Französische und Spanische. Erhaltene Ausgaben des deutschen Textes befinden sich in der Landesbibliothek Stuttgart und in der Universitätsbibliothek Dresden.

[14] Vorrede, a. a. O. 1. Wir zitieren in eigener Übersetzung nach dem Originaltext von 1705 in einem Nachdruck aus Utrecht des Jahres 1717, der in zweifacher Ausgabe in der Universitätsbibliothek Mannheim einzusehen ist (Signatur: 84/204 und Wk 2385). Die deutschsprachigen Zitate beziehen sich auf die am Ende des Textes in Klammer angegebenen Seiten der lateinischen Vorrede. Die Vorrede selbst verzichtet auf eine Numerierung der Seiten, so daß bei den Zitaten der Beginn des Vorwortes ab Seite 1 ff. gezählt wurde.

[15] Vorrede, a. a. O. 3.

[16] Ebd. 5.

[17] Ebd. 18.

[18] Ebd. 16.

[19] Ebd.

[20] Index librorum prohibitorum. Romae 1758, 202.

[21] G. E. Lessing, Werke, hrsg. v. H. G. Göpfert, Bd. 2. Darmstadt 1996 (= München 1971), 276–280. Vgl. H. Göbel (Hrsg.), Lessings „Nathan". Der Autor, der Text, seine Umwelt, seine Folgen. Berlin 1977.

[22] Die folgenden Zitate aus: Ebd., Dritter Aufzug, 7. Auftritt, Verse 413–417. 456–474. 483–491. 499–508. 524–532. – Vgl. F. Niewöhner, Veritas sive Varietas. Lessings Toleranzparabel und das Buch Von den drei Betrügern (Bibliothek der Aufklärung V). Heidelberg 1988; C. Menze, Zur Geschichte der Toleranzidee von der Frühaufklärung bis zum Neuhumanismus in Deutschland, in: J. Schneider (Hrsg.), Kulturelle Vielfalt als Problem für Gesellschaft und Schule (Münstersche Gespräche zu Themen der wissenschaftlichen Pädagogik 13). Münster 1996, 24 ff.

[23] Vgl. H. Küng, Religion im Prozeß der Aufklärung, in: ders./W. Jens (Hrsg.), Dichtung und Religion. München 1985, 86.

[24] Ebd. 97 ff.

[25] H. Bürkle, Der Mensch auf der Suche nach Gott – Die Frage der Religionen. Paderborn 1996, 60.

[26] Vgl. W. Jens, Nathans Gesinnung ist von jeher die meinige gewesen, in: H. Küng/W. Jens (Hrsg.), Dichtung und Religion, a. a. O. 114 f.

[27] Vgl. H. Küng, Religion im Prozeß der Aufklärung, a. a. O. 96. – Vgl. H.-G. Werner, Göttliche und menschliche Vernunft – Lessing über die Möglichkeit einer humanen Zukunft, in: L. Bornscheuer/H. Kaiser/J. Kuhlenkampf (Hrsg.), Glaube – Kritik – Phantasie – Europäische Aufklärung in Religion und Politik, Wissenschaft und Literatur. Frankfurt/M. 1993. – „Kein Weltfriede ohne Religionsfriede" – mit diesem Slogan hat H. Küng das Denkmuster Lessings aufgegriffen; vgl. z. B. H. Küng, Projekt Weltethos. München 1990 u. ö.

[28] Vgl. H. Piepmeier, Aufklärung I – Philosophisch, in: TRE I, 575–594.

[29] Vgl. M. Schmidt, Aufklärung II – Theologisch, in: ebd. I, 594–608.

[30] Vgl. W. Conze/V. Hentschel, Deutsche Geschichte. Freiburg 1994, 154 f.

[31] Vgl. R. H. Tenbrock/K. Kluxen, Zeit und Menschen – Das Werden der modernen Welt (1648–1918), Bd. 3. München 1977, 54 f.

VIII. „Mission im Schatten des Kolonialismus"

[1] J. Baumgartner, Die Ausweitung der katholischen Missionen von Leo XIII. bis zum Zweiten Weltkrieg, in: HdK VI/2, 550.

[2] Vgl. L. Hagemann, Nordafrika, in: K. Müller/W. Ustorf (Hrsg.), Einführung in die Missionsgeschichte, a. a. O. 66–81.

[3] U. Schoen, Vom Leben und Sterben der Kirche in Nordafrika, a. a. O. 22.

[4] U. Schoen, Jean Faure, Missionar und Theologe in Afrika und im Islam. Göttingen 1984, 105; D. B. Barrett (ed.), World Christian Encyclopedia. A Comparative Survey of Churches and Religions in the Modern World AD

1900–2000. Oxford 1982, 136–138. 458–460. 497–500. 677–679; H. Teissier, Eglise en Islam. Paris 1984.

IX. Beginn historisch-kritischer Islamforschung

[1] Vgl. J. Waardenburg, L'Islam dans le miroir de l'Occident (Recherches Méditerranéennes III). Paris–La Haye 1970; B. Lewis, Islam in history. London 1973, 11–32; M. Rodinson, Das Bild im Westen und westliche Islamstudien, in: J. Schacht/C. E. Bosworth (Hrsg.), Das Vermächtnis des Islams. 2 Bde. Zürich–München 1980; hier: I, 24–81; G. Endreß, Einführung in die islamische Geschichte. a. a. O. 18 ff.

[2] Th. Nöldeke, Geschichte des Qorans.
1: Über den Ursprung des Qorans. Bearbeitet von Friedrich Schwally. Leipzig 1909.
2: Die Sammlung des Qorans. Völlig umgearbeitet von Friedrich Schwally. Leipzig 1919.
3: Die Geschichte des Qorantextes. Von Gotthelf Bergsträsser und Otto Pretzl. Leipzig 1938.
Nachdruck: Hildesheim 1961 und 1970.

[3] J. Fück, Die arabischen Studien in Europa bis in den Anfang des 20. Jahrhunderts. Leipzig 1955, 226.

[4] C. H. Becker, Islamstudien. Vom Werden und Wesen der islamischen Welt. Bde. 1/2. Leipzig 1924/32, 65; Nachdruck: Hildesheim 1967.

[5] Verspreide Geschriften – Gesammelte Schriften von C. Snouk Hurgronje. Bde I.–V. Bonn–Leipzig 1923/25; Bd. VI mit Index und Bibliographie: Leiden 1927.

[6] Vgl. u. a. seine Werke „Skizzen und Vorarbeiten" (1884/99), „Die religiös-politischen Oppositionsparteien im alten Islam" (1901), „Das arabische Reich und sein Sturz" (1902).

[7] Vgl. „Annali dell'Islam" (1905/27), „Chronographia islamica" (1913/22).

[8] D. B. Macdonald, Development of Muslim theology, jurisprudence and constitutional theory. New York 1903 u. ö., zuletzt Beirut 1965.

[9] Vgl. L. Hagemann, Art. Massignon, Louis-Ferdinand-Jules, in: LThK VI (1997) 1463 (Lit.).

[10] 2 vol. Paris 1922, ²1975. Vgl. Y. Moubarac, Pentalogie islamo-chrétienne, t. 1: L'œuvre de Louis Massignon. Beyrouth 1972.

[11] Gräfenhainichen 1931; Nachdruck: Darmstadt 1961.

[12] Le Coran et la réelation judéo-chrétienne. Études comparées, vol. 1/2. Paris 1958.

[13] Paris 1961; ³1976.

[14] Vgl. zu ihm L. Hagemann, Robert Caspar WV – Promotor christlich-islamischer Ökumene. Zum 75. Geburtstag des Jubilars, in: ders./R. Albert (Hrsg.), Dialog in der Sackgasse? Christen und Muslime (Religionswissenschaftliche Studien, Bd. 46). Würzburg–Altenberge 1998, 17–29.

[15] The Qur'an. Translated, with a critical re-arrangement of the Surahs by Richard Bell, Vol. 1/2. Edinburgh 1937/39; repr. 1960.

[16] The Koran interpreted. By Arthur J. Arberry, Vol. 1/2. London 1955; ³1971. – Aus Pakistan liegt ebenfalls eine englische Übersetzung vor: Abdallah Yusuf Ali, The Glorious Qur'an. Translation and commentary. 2 Bde. Lahore 1935; ³1938; Nachdruck: Beirut o. J.

[17] Le Coran. Traduction selon un essai de reclassement des sourates, vol. 1/2. Paris 1949/51.

[18] Paris 1967; Beirut 1980.

[19] Reclams Universal-Bibliothek (4206–10). Stuttgart 1960; ²1970. – Neubearbeitung durch Kurt Rudolph. Leipzig 1965.

[20] Der Koran. Übersetzung von Rudi Paret. Stuttgart ⁵1989; Der Koran. Kommentar und Konkordanz von Rudi Paret. Stuttgart ⁴1990.

[21] Der Koran. Übersetzung von A. Th. Khoury. Unter Mitwirkung von Muhammad Salim Abdullah. Gütersloh 1987; ²1992.

[22] Der Koran. Arabisch-Deutsch. Übersetzung und wissenschaftlicher Kommentar. 10 Bde. Gütersloh 1990–1999.

[23] Vgl. die „Declaratio de ecclesiae habitudine ad religiones non-christianas": AAS 58 (1966) 740–744, approbierte deutsche Übersetzung in: LThK, Das Zweite Vatikanische Konzil, Bd. II. Freiburg–Basel–Wien 1967, 489–495 (dort auch der lat. Text: 488 ff.); speziell zum Islam Nr. 3; vgl. dazu den „Exkurs zum Konzilstext über die Muslim" von G. C. Anawati, in: ebd. 485–487.

[24] K. Hock, Der Islam im Spiegel westlicher Theologie (Kölner Veröffentlichungen zur Religionsgeschichte, Bd. 8). Köln–Wien 1986, 39. – Einen ersten Überblick über die Weltmissionskonferenz gibt W. Günther, in: K. Müller/Th. Sundermeier (Hrsg.), Lexikon missionstheologischer Grundbegriffe. Berlin 1987, 533–539.

[25] Vgl. K. Hock, Der Islam im Spiegelbild westlicher Theologie, a. a. O. 85 ff.

[26] Vgl. ebd. 135 ff.

[27] Vgl. 137 f.

[28] Vgl. ebd. 138 f.

[29] Vgl. ebd. 120 ff.

[30] Ebd. 122.

X. Zwischen Annäherung und Abschottung: Ungelöste Problemfelder

[1] Vgl. L. Hagemann, Christentum und Islam zwischen Konfrontation und Begegnung (Religionswissenschaftliche Studien, Bd. 4). Würzburg–Altenberge ³1994.

[2] Vgl. L. Hagemann/R. Albert (Hrsg.), Dialog in der Sackgasse? Christen und Muslime zwischen Annäherung und Abschottung (Religionswissenschaftliche Studien, Bd. 46). Würzburg–Altenberge 1998.

[3] In: LThK, Das Zweite Vatikanische Konzil, Bd. II. Freiburg–Basel–Wien

1966, 489–495: Nr. 3; vgl. dazu den „Exkurs zum Konzilstext über die Muslime" von G. C. Anawati, in: ebd. 485–487.

[4] Vgl. L. Hagemann/E. Pulsfort, Maria, die Mutter Jesu, in Bibel und Koran (Religionswissenschaftliche Studien, Bd. 19). Würzburg–Altenberge 1992.

[5] Art. 16, in: LThK, Das Zweite Vatikanische Konzil, Bd. 1, a. a. O. 205.

[6] Ansprache des Papstes an die Bevölkerung und im besonderen an die Muslime in Kaduna vom 14.02.1982, in: Der Apostolische Stuhl 1982. Köln 1984, 263.

[7] „... und der Fremdling, der in deinen Toren ist". Gemeinsames Wort der Kirchen zu den Herausforderungen durch Migration und Flucht, hrsg. v. Kirchenamt der Evangelischen Kirche in Deutschland und dem Sekretariat der Deutschen Bischofskonferenz in Zusammenarbeit mit der Ökumenischen Centrale der Arbeitsgemeinschaft Christlicher Kirchen in Deutschland. Bonn–Frankfurt/M.–Hannover 1997; vgl. gleichnamige Arbeitshilfe zum Thema ebd. 1998.

[8] F. Mernissi, Der politische Harem. Mohammed und die Frauen (Herder Spektrum 4104). Freiburg–Basel–Wien ³1998, 252.

[9] Vgl. C. Colpe, Problem Islam. Weinheim ²1994, 115.

Literaturhinweise
(Auswahl)

Abdallah Yusuf Ali: The Glorious Qur'an. Translation and commentary. 2 Bde. Lahore 1935; ³1938; Nachdruck: Beirut o. J.

Abel, F. M.: Le couvent des Frères Prêcheurs à Saint Jean d'Arc, in: Revue Biblique 43 (1934).

Abu-Nasr, J. N.: A history of the Maghrib. Cambridge 1971.

Altaner, B.: Die Dominikanermissionen des 13. Jahrhunderts. Forschungen zur Geschichte der kirchlichen Unionen und der Mohammedaner- und Heidenmission des Mittelalters (Breslauer Studien zur historischen Theologie III). Habelschwerdt/Schles. 1924.

– Sprachstudien und Sprachkenntnisse im Dienste der Mission des 13. und 14. Jhdts., in: ZMR 23 (1933).

– Die fremdsprachliche Ausbildung der Dominikanermissionare während des 13. und 14. Jhdts., in: ZMR 23 (1933).

– Zur Kenntnis des Arabischen im 13. und 14. Jhdt., in: OrChrP 2 (1936).

– Zur Geschichte der antiislamischen Polemik während des 13. und 14. Jhdts., in: HJ 56 (1936).

– Glaubenszwang und Glaubensfreiheit bei Raymundus Lullus, in: HJ 48 (1928).

Altheim, F./Stiehl, R.: Die Araber in der alten Welt, 5 Bde. Berlin 1964–69.

d'Alverny, M.-Th.: Deux traductions latines du Coran au moyen-âge, in: AHD 16 (1947/48).

– La Connaissance de l'Islam en Occident du IXᵉ siècle au milieu du XIIᵉ siècle, in: L'Occidente e l'Islam nell'alto medioevo, vol. II (Settimane di studio del centro Italiano di studi sull'alto medioevo XII). Spoleto 1965.

– Quelques manuscrits de la „Collectio Toletana", in: G. Constable/J. Kritzeck (Hrsg.), Petrus Venerabilis (1156–1956). Studies and Texts commemorating the eighth centenary of his death (Studia Anselmiana 40). Romae 1956.

Anawati, G.-C.: Introduction à la théologie musulmane. Paris 1948.

– Christentum und Islam. Ihr Verhältnis aus christlicher Sicht, in: A. Bsteh (Hrsg.): Dialog aus der Mitte christlicher Theologie (Beiträge zur Religionstheologie 5). Mödling 1987.

– Nicolas de Cues et le problème de l'Islam, in: NIMM (1970).

– Exkurs zum Konzilstext über die Muslim, in: LThK, Das II. Vatikanische Konzil, Bd. II. Freiburg–Basel–Wien 1966.

Antes, P.: Der Islam als politischer Faktor. Hannover ³1997.

– Ethik und Politik im Islam, in: ders. u. a.: Der Islam. Religion – Ethik – Politik. Stuttgart–Berlin–Köln 1991.

– Ethik und Politik im Islam. Stuttgart–Berlin–Köln–Mainz 1982.

Arberry, J.: The Koran interpreted, Vol. 1/2. London 1955; ³1971.

Arrivabene, A.: L'Alcorano di Macometto etc. Venice 1547.

Ashtor, E.: The Jews of Moslem Spain, 2 Bde. Philadelphia 1973–1979.

Ayache, A.: Histoire ancienne de l'Afrique du Nord. Paris 1964.

Baca, A. R. (Hrsg.): Aenas Silvius Piccolomini: Epistola ad Mahomatem II. New York 1990.

Bardy, G.: La conversion au christianisme durant les premiers siècles. Paris 1949.

Barge, H.: Der Dominikanermönch Ricoldus und seine Missionsreise nach dem Orient, in: Allgemeine Missionszeitschrift 43 (1916).

Barrett, D. B. (ed.): World Christian Encyclopedia. A Comparative Survey of Churches and Religions in the Modern World AD 1900–2000. Oxford 1982.

Battenberg, F.: Das europäische Zeitalter der Juden. Teilband I: Von den Anfängen bis 1650. Darmstadt 1990.

Baumgartner, J.: Die Ausweitung der katholischen Missionen von Leo XIII. bis zum Zweiten Weltkrieg, in: HdK VI/2, 550.

Baus, K.: Das nordafrikanische Christentum vom Beginn der Vandalenherrschaft bis zur islamischen Invasion, in: HdK II/2.

– Von der Urgemeinde zur frühchristlichen Großkirche, in: HdK I.

Becker, C. H.: Islamstudien. Vom Werden und Wesen der islamischen Welt, Bde. 1/2. Leipzig 1924/32. Nachdruck: Hildesheim 1967.

Bell, R.: The Origin of Islam in its Christian Environment. Edinburgh 1926, Nachdruck: London 1968.

– The Qur'an. Translated, with a critical re-arrangement of the Surahs by Richard Bell, Vol. 1/2. Edinburgh 1937/39; repr. 1960.

Berg, D.: Kreuzzugsbewegung und Propagatio fidei. Das Problem der Franziskanermission im 13. Jahrhundert und das Bild von der islamischen Welt in der zeitgenössischen Ordenshistoriographie, in: A. Zimmermann/I. Craemer-Ruegenberg (Hrsg.): Orientalische Kultur und europäisches Mittelalter (Miscellanea Mediaevalia 17) Berlin–New York 1985.

– Gesellschaftspolitische Implikationen der Vita minorum, insbesondere des franziskanischen Friedensgedankens, im 13. Jahrhundert, in: M. Gerwing/G. Ruppert (Hrsg.): Renovatio et Reformatio. FS L. Hödl. Münster 1985.

Bibliander, Th. (Hrsg.): Machumetis Sarracenorum principis vita ac doctrina omnis quae & Ismahelitarum lex, & Alcoranum dicitur etc. vol. I/II. Basel 1543 (²1550).

Bishko, C. J.: Peter the Venerable's journey to Spain, in: StA 40.

Blachère, R.: Introduction au Coran. Paris 1947.

– Le Coran. Traduction selon un essai de reclassement des sourates, Vol. 1/2. Paris 1949/51.

Bonner, A.: Selected Works of Ramon Llull, 2 Bde. Princeton 1985.

Boor, C. de: Chronographia Theophanis, 2 Bde. Leipzig 1883–1885.

Bouman, J.: Der Koran und die Juden. Darmstadt 1990.

Brincken, A. D. van den: Die „Nationes Christianorum Orientalium" im Verständnis der lateinischen Historiographie von der Mitte des 12. bis in die zweite Hälfte des 14. Jahrhunderts (Kölner Historische Abhandlungen, Bd. 22), Köln–Wien 1974.

Brisson, J. P.: Gloire et misère de l'Afrique du Nord. Tunesie–Algerie–Maroc, 2 Bde., Paris 1931; Bd. I ²1951 (= 1975); Bd. II ²1952 (= 1975).

Brox, N./Engels, O., u. a. (Hrsg.): Die Geschichte des Christentums. Bd. 4–7. Freiburg–Basel–Wien 1991–1995.

Buchanan, H.: Luther and the Turks 1519–1529, in: Archiv für Reformationsgeschichte 47 (1956).

Burgevin, F. H.: Cribratio Alchorani. Nicolaus Cusanus's Criticism of the Koran in the Light of his Philosophy of Religion. New York–Washington–Hollywood 1969.

Bürkle, H.: Der Mensch auf der Suche nach Gott – Die Frage der Religionen. Paderborn 1996.

Burns, R. I.: Christian-Islamic Confrontation in the West: The Thirteenth-Century Dream of Conversion, in: American Historical Review 76 (1971).

Busse, H.: Die theologischen Beziehungen des Islams zu Judentum und Christentum. Darmstadt 1988.

Cabanelas Rodriguez, D.: Juan de Segovia y el primer Alcorán trilingue, in: Al-Andalus 14 (1949).

– Juan de Segovia y el problema islamico. Madrid 1952.

Caetani, L.: Annali dell'Islam. Mailand 1905–1927

Cagigas, I. de las: Los Mozárabes. Madrid 1948.

Cahen, C.: Der Islam I. Vom Ursprung bis zu den Anfängen des Osmanenreiches (Fischer Weltgeschichte 14). Frankfurt–Hamburg 1968.

– La Syrie du Nord à l'époque des croisades. Paris 1940.

Campenhausen, A. Frhr. v.: Staatskirchenrecht. München ³1996.

Campenhausen, H. v.: Lateinische Kirchenväter (Urban-Taschenbücher 50). Stuttgart–Berlin–Köln–Mainz ⁶1986.

Cardini, F.: Francesco d'Assisi. Mailand 1989.

Chenu, M. D.: Das Werk des Hl. Thomas von Aquin. Heidelberg 1960.

Cleve, Th. C. van: The Fifth Crusade, in: K. M. Setton, A History of the Crusades II. Philadelphia 1962.

Colomer, E.: Raimund Lulls Stellung zu den Andersgläubigen: Zwischen Zwie- und Streitgespräch, in: B. Lewis/F. Niewöhner (Hrsg.), Religionsgespräche im Mittelalter (Wolfenbütteler Mittelalter-Studien, Bd. 4). Wiesbaden 1992.

– Ramón Llull y Ramón Martí, in: Estudios Lulianos 28 (1988).

Constable, G. (Hrsg.): Petrus Venerabilis, The Letters of Peter the Venerable. Edited with an introduction and notes (Harvard Historical Studies 78), vol. I/II. Cambridge/Mass. 1967.

Cortarbarria Beitia A. O. P.: L'Étude des langues au Moyen Age chez les Dominicains, in: MIDEO 10 (1970).

– Los textos arabes de Averres en el Pugio Fidei del dominico catalán Raimundo Marti, in: Actas de XII Congresso de la U.E.A.I. (Málaga 1984). Madrid 1986.

– A., Les sources arabes de l'„Explanatio Simboli" du Dominicain catalan Raymond Martin, in: MIDEO 16 (1983).

– Connaissance de l'Islam chez Raymond Lulle et Raymond Martin O. P., in: Les Cahiers de Faujeaux 22 (1987).

– San Ramón de Penyafort y las Escuelas Dominicanas de Lenguas, in: Escritos del vedat 7 (1977).

Courtois, C.: Grégoire VII et l'Afrique du Nord. Remarques sur les communautés chrétiennes d'Afrique au XIᵉ siècle, in: Revue historique 195 (1945).

Dall'Arche, M.: Scomparsa del Cristianisimo ed espansione dell'Islam nell'Africa settentrionale. Roma 1967.

Daniel, N.: Islam and the West. The Making of an Image. Edinburgh 1966 u. ö.

Decker, B.: Nikolaus von Cues und der Friede unter den Religionen (Studien und Texte zur Geistesgeschichte des Mittelalters, Bd. III). Leiden–Köln ²1959.

Declaratio de ecclesiae habitudine ad religiones non-christianas, in: AAS 58 (1966), approbierte deutsche Übersetzung in: LThK, Das II. Vatikanische Konzil, Bd. II. Freiburg–Basel–Wien 1966.

Delacroix, S. (Hrsg.): Histoire universelle des Missions catholiques, Bd. I: Les Missions des origines au XIVᵉ siècle. Paris 1956.

Dietrich, E. L.: Das Judentum im Zeitalter der Kreuzzüge, in: Saeculum 3 (1952).

Dondaine, A.: Ricoldiana. Notes sur les œuvres de Ricoldo da Montecroce, in: Archivum Fratrum Praedicatorumy 37 (1967).

Dondaine, H.-F. (Hrsg.): Thomas Aq., Contra Errores Graecorum. Romae 1968 (= ed. Leon. t. XL/A).

– Thomas Aq., De rationibus fidei. Romae 1968 (= ed. Leon. t. XL/B).

Dozy, R.: Histoire des Musulmans d'Espagne, Bde. 1–3. Leiden ²1931.

Drewermann, E.: Der Krieg und das Christentum. Regensburg ²1984.

Ebermann, R.. Die Türkenfurcht. Ein Beitrag zur Geschichte der öffentlichen Meinung in Deutschland während der Reformationszeit. Halle 1904.

Ehmann, J.: Ricoldus de Monte Crucis: Confutatio Alcorani (1300) – Martin Luther: Verlegung des Alcoran (1442). Kommentierte lat.-dt. Textausgabe (Corpus Islamo-Christianum, Series Latina, vol. 6). Würzburg–Altenberge 1999.

Eickhoff, E.: Seekrieg und Seepolitik zwischen Islam und Abendland. Berlin 1966.

Endreß, G.: Einführung in die islamische Geschichte. München 1982; ³1997.

Engels, O.: Schutzgedanke und Landesherrschaft im östlichen Pyrenäenraum (9.–13. Jh.). Münster 1970.

- Reconquista und Landesherrschaft. Paderborn u. a. 1989.
- /Schreiner, P. (Hrsg.): Die Begegnung des Westens mit dem Osten, Sigmaringen 1993.

Engels, P.: Notitia de Mahometo – De statu Sarracenorum. Kommentierte lateinisch-deutsche Textausgabe (Corpus Islamo-Christianum, Series Latina, vol. 4). Würzburg–Altenberge 1992.

Epalza, M. de: Bibliographie du dialogue islamo-chrétien. Auteurs chrétiens latins des VII–X siècles, in: Islamochristiana 1 (1975); Addenda et corrigenda, in: ebd. 2 (1976).

- Trois siècles d'histoire mozarabe, in: Travaux et jours 20 (1966).

Erdmann, C.: Die Entstehung des Kreuzzugsgedankens. Darmstadt 1980.

Euler, W. A.: Unitas et Pax. Religionsvergleich bei Raimundus Lullus und Nikolaus von Kues (Religionswissenschaftliche Studien 15). Würzburg–Altenberge 1990 (^{2}1995).

Fattal, A.: Le statut légal des non-musulmans en pays d'Islam. Beirut 1958.

Feld, H.: Franziskus von Assisi und seine Bewegung. Darmstadt 1994.

Ferron, J.: Carthage chrétienne, in: DHGE XI.

Fischer, A.: Der Wert der vorhandenen Koranübersetzungen und Sure 111, in: Berichte über die Verhandlungen der Sächsischen Akademie der Wissenschaften zu Leipzig, Philolog.-histor. Klasse 89/2 (1937).

Forell, G. W.: Luther and the war against the Turks, in: Church History XIV (1945).

Fück, J.: Die arabischen Studien in Europa bis in den Anfang des 20. Jahrhunderts. Leipzig 1955.

Füssel, H.-P./Nagel, T.: Islamischer Religionsunterricht und Grundgesetz, in: Europäische Grundrechtszeitschrift H. 17, 12. Jg. (1985) 497–503.

Gabriel, L. (Hrsg.): Nikolaus von Kues. Philosophisch-theologische Schriften, Bd. 3, lat.-dt., Studien- und Jubiläumsausgabe, übersetzt und kommentiert von D. und W. Dupré. Wien 1967.

Gabrieli, F.: Die Kreuzzüge aus arabischer Sicht. Zürich 1973.

Gaia, P.: Esame critico del Corano, in: Opere religiose di Nicolò Cusano (Classici delle Religioni. Sezione quarta: La religione cattolica). Torino 1971.

Garcías Palou, S.: El Miramar de Ramon Llull. Palma 1977.

- Ramón Llull y el Islam. Palma 1981.

Gardet, L.: Dieu et la destinée de l'Homme. Paris 1967.

- Islam. Köln 1968.

Gentrup, Th.: Ius Missionarium I. Steyl 1925.

- Das Missionsprotektorat in den mohammedanischen Staaten Nordafrikas vom 12.–15. Jahrhundert, in: Zeitschrift für Missionswissenschaft 8 (1918).

Glazik, J.: Die Mission der Bettelorden außerhalb Europas, in: HdK III/2.

Glei, R.: Johannes Damaskenos und Theodor Abu Qurra: Schriften zum Islam. Kommentierte griechisch-deutsche Textausgabe (Corpus Islamo-Christianum, Series Graeca 3). Würzburg–Altenberge 1995.

- Petrus Venerabilis: Schriften zum Islam. Ediert, ins Deutsche übersetzt

142 Literaturhinweise

und kommentiert (Corpus Islamo-Christianum, Series Latina 1). Altenberge 1985.

Glick, Th.: A History of the Jews in Christian Spain, 2 Bde. Philadelphia 1961.

Göbel, H. (Hrsg.): Lessings „Nathan". Der Autor, der Text, seine Umwelt, seine Folgen. Berlin 1977.

Goldziher, I.: Die Zâhiriten. Ihr Lehrsystem und ihre Geschichte. Beitrag zur Geschichte der muhammedanischen Theologie. Leipzig 1884; Nachdruck: Hildesheim 1967.

– Muhammedanische Studien. Halle 1889/90; Nachdruck: Hildesheim 1961.

– Vorlesungen über den Islam. Heidelberg 1910; ^{2}1925; Nachdruck: Heidelberg 1963.

– Die Richtungen der islamischen Koranauslegung. Leiden 1920; ^{2}1952.

Golubovich, G.: Biblioteca Bio-Bibliografica della Terra Santa e dell' Oriente Francescano, 5 Bde., Quaracchi 1906/1927.

– San Francesco e i Francescani in Damiata (5. 11. 1219–2. 2. 1220), in: Studi Francescani 23 (1926).

Göpfert, H. G. (Hrsg.): G. E. Lessing, Werke. München 1971.

Gottschalk, H. L.: Al-Malik al-Kamil von Egypten und seine Zeit. Wiesbaden 1958.

Grabmann, M.: Die Missionsidee der Dominikanertheologen des 13. Jahrhunderts, in: ZMR 1 (1911).

– Die Werke des hl. Thomas von Aquin. Eine literarhistorische Untersuchung und Einführung. Münster 1931; ^{3}1949; Nachdruck mit Literaturergänzungen von R. Heinzmann. Münster 1967.

– Die Schrift: De rationibus fidei contra Saracenos Graecos et Armenos ad Cantorem Antiochenum des heiligen Thomas von Aquin, in: Scholastik 17 (1942).

Graf, G.: Geschichte der christlichen arabischen Literatur, Bd. II (Studi e Testi 133). Città del Vaticano 1947.

Groeteken, A.: Zur mittelalterlichen Missionsgeschichte der Franziskaner, in: ZMR 1 (1911).

Grunebaum, G. E. v.: Der Islam im Mittelalter (Bibliothek des Morgenlandes). Zürich–Stuttgart 1966.

– Der Islam in seiner klassischen Epoche (Bibliothek des Morgenlandes). Zürich–Stuttgart 1966.

Hagemann, L. (ed.): Nicolai de Cusa Opera omnia iussu et auctoritate Academiae Litterarum Heidelbergensis ad codicum fidem edita, vol. VIII: Cribratio Alkorani. Hamburgi 1986.

– /Glei, R. (Hrsg.): Thomas von Aquin: De rationibus fidei. Kommentierte lateinisch-deutsche Textausgabe (Corpus Ismao-Christianum, Series Latina 2). Altenberge 1987.

– /Pulsfort, E., Maria, die Mutter Jesu in Bibel und Koran (Religionswissenschaftliche Studien 19). Würzburg–Altenberge 1992.

– Auteurs chrétiens de langue latine des XI–XII siècles, in: Islamochristiana 5 (1979).

– Bibliographie du dialogue islamo-chrétien. Auteurs chrétiens du monde latin des XIIIe et XIVe siècles, in: Islamochristiana 6 (Roma 1980).
– Christentum und Islam zwischen Konfrontation und Begegnung (Religionswissenschaftliche Studien 4). Würzburg–Altenberge ^{3}1994.
– Der Islam als Anfrage. Schritte auf dem Weg: Raymundus Lullus und Nicolaus Cusanus, in: K. Hilpert/J. Werbick (Hrsg.): Mit den Anderen leben. Wege zur Toleranz. Düsseldorf 1995.
– Der Islam in Verstandnis und Kritik bei Martin Luther, in: TThZ 103. Jg., H. 2 (1994).
– Der Islam in Verständnis und Kritik bei Nikolaus von Kues und Martin Luther, in: Wort und Antwort 32. Jg., H. 3 (1991).
– Der Kur'an in Verständnis und Kritik bei Nikolaus von Kues. Ein Beitrag zur Erhellung islamisch-christlicher Geschichte (FThSt 21). Frankfurt 1976.
– Nikolaus von Kues im Gespräch mit dem Islam. Altenberge 1983.
– Die erste lateinische Koranübersetzung – Mittel zur Verständigung zwischen Christen und Muslimen im Mittelalter?, in: A. Zimmermann/I. Craemer-Ruegenberg (Hrsg.): Orientalische Kultur und europäisches Mittelalter (Miscellanea Mediaevalia, Bd. 17). Berlin–New York 1985.
– Missionstheoretische Ansätze bei Thomas von Aquin in seiner Schrift „De rationibus fidei", in: A. Zimmermann (Hrsg.): Thomas von Aquin (Miscellanea Mediaevalia, Bd. 19). Berlin–New York 1988.
– Nordafrika, in: K. Müller/W. Ustorf (Hrsg.): Einleitung in die Missionsgeschichte. Stuttgart 1995.
– Propheten – Zeugen des Glaubens. Koranische und biblische Deutungen (Religionswissenschaftliche Studien 26). Würzburg–Altenberge ^{2}1993.
– Zum Aufbruch des Islam. Eine Stellungnahme christlicherseits. Hintergründe – Bedenken und Anfragen – Aussichten, in: O. Bischofberger u. a.: Der Islam in Bewegung (Weltanschauungen im Gespräch, Bd. 10). Freiburg/Schweiz–Zürich 1991.
– Art. Massignon, Louis-Ferdinand-Jules, in: LThK VI (^{3}1997).
– Robert Caspar WV – Promotor christlich-islamischer Ökumene. Zum 75. Geburtstag des Jubilars, in: ders./R. Albert (Hrsg.): Dialog in der Sackgasse? Christen und Muslime (Religionswissenschaftliche Studien, Bd. 46). Würzburg–Altenberge 1998.
Hagenbach, K. R.: Luther und der Koran vor dem Rathe zu Basel, in: Beiträge zur vaterländischen Geschichte, hrsg. v. Historische Gesellschaft zu Basel, IX (1870).
Harnack, A. v.: Die Mission und die Ausbreitung des Christentums in den ersten drei Jahrhunderten, Bd. 2. Leipzig ^{4}1924.
Haubst, R.: Die Wege der christologischen manuductio, in: MFCG 16 (1984).
– Johannes von Segovia im Gespräch mit Nikolaus von Kues und Jean Germain über die göttliche Dreieinigkeit und ihre Verkündigung vor den Mohammedanern, in: MThZ 2 (1951).

Hegel, G. W. F.: Phänomenologie des Geistes, hrsg. v. J. Hoffmeister. Hamburg ⁶1952.

Henning, Max: Der Koran (Reclams Universal-Bibliothek 4206–10). Stuttgart 1960; ²1970. – Neubearbeitung durch Kurt Rudolph. Leipzig 1965.

Hertz, A.: Die Lehre vom „gerechten Krieg" als ethischer Kompromiß, in: Handbuch der christlichen Ethik, Bd. 3. Freiburg 1982.

Highfield, R.: Christians, Jews and Muslims in the Same Society: the Fall of convivencia in Medieval Spain, in: D. Baker (Hrsg.): Religious Motivations. Biographical and Sociological Problems for the Church Historians. Oxford 1978.

Hillgarth, J. N.: Ramon Lull and Lullism in Fourteenth-Century France. Oxford 1971.

Hock, K.: Der Islam im Spiegel wetlicher Theologie. Köln–Wien 1986.

Hoenerbach, W.: Islamische Geschichte Spaniens. Zürich–Stuttgart 1970.

Hölscher, G.: Nikolaus von Cues und der Islam, in: ZPhF 2 (1947).

Hoffmann, H.: Gottesfriede und Freuga Dei. Stuttgart 1964.

Holsten, W.: Christentum und nichtchristliche Religion nach der Auffassung Luthers (Allgemeine Missions-Studien, Heft 13). Gütersloh 1932.

Horovitz, J.: Koranische Untersuchungen. Berlin–Leipzig 1926.

Huerga, A.: Hipótesis sobre la Summa contra Gentiles y el Pugio Fidei, in: Angelicum 51 (1974).

Jens, W.: Nathans Gesinnung ist von jeher die meinige gewesen, in: H. Küng/W. Jens (Hrsg.): Dichtung und Religion: Pascal, Gryphius, Lessing, Hölderlin, Novalis, Kierkegaard, Dostojewski, Kafka. München 1985.

Julien, Ch.-A.: Histoire de l'Afrique du Nord. Paris ⁴1969.

Kaeppeli, Th.: Scriptores Ordinis Praedicatorum Medii Aevi, 3 Bde. Rom 1970–1980.

Kaweran, P.: Ostkirchengeschichte, 4 Bde. (Corpus Scriptorum Christianorum Orientalium 441. 442. 451. 456). Leuven 1982–1984.

Kedar, B. Z.: Crusade and Mission. European Approaches toward the Muslims. Princeton/N. J. 1984.

Khadduri, M.: War and peace in the law of Islam. Baltimore 1955.

Khoury, A. Th.: Bibliographie du dialoque islamo-chrétien. Auteurs chrétiens byzantins du langue grecque des VII–X siècles, in: Islamochristiana 1 (1975).

– Der Koran. Arabisch-Deutsch. Übersetzung und wissenschaftlicher Kommentar. Bde. 1 ff. Gütersloh 1990 ff.

– Die Christologie des Korans, in: ZMR 52 (1968).

– Frieden, Toleranz und universale Solidarität in der Sicht des Islams, in: H. Althaus (Hrsg.): Christentum, Islam und Hinduismus vor den großen Weltproblemen. Altenberge 1988.

– Les Théologiens byzantins et l'Islam. Textes et auteurs (VIIIᵉ – XIIIᵉ s.). Louvain–Paris ²1969.

– Polémique byzantine contre l'Islam (VIIIᵉ–XIIIᵉ s.). Leiden ²1972.

– Toleranz im Islam (Religionswissenschaftliche Studien 8). Altenberge ²1986.

– Der Koran. Übersetzung. Unter Mitwirkung von Muhammad Salim Abdullah. Gütersloh 1987; ²1992.

– /Hagemann, L.: Christentum und Christen im Denken zeitgenössischer Muslime (Religionswissenschaftliche Studien, Bd. 7). Würzburg–Altenberge ²1994.

– /Hagemann, L./P. Heine: Islam-Lexikon. 3 Bde. Freiburg–Basel–Wien 1991; ³1999.

Klibansky, R./Bascour, H. (Hrsg.): Nicolai de Cusa Opera omnia iussu et auctoritate Academiae Litterarum Heidelbergensis ad codicum fidem edita, vol. VII: De pace fidei. Hamburgi 1959.

Koehler, H.: L'Eglise chrétienne du Maroc et la Mission Franciscaine (1221–1790). Paris 1934.

Köhler, W.: Zu Biblianders Koran-Ausgabe, in: Zwingliana 3/11 (1918).

Kritzeck, J.: Peter the Venerable and Islam (Princeton Oriental Studies 23). Princeton/N. J. 1964.

– Peter the Venerable and the Toledan Collection, in: StA 40.

– Robert of Ketton's Translation of the Qur'an, in: The Islamic Quarterly 2 (1955).

Küng, H.: Projekt Weltethos. München 1990 u. ö.

– Religion im Prozeß der Aufklärung, in: ders./W. Jens (Hrsg.): Dichtung und Religion. München 1985.

Lachner, R.: Raimund von Penafort, in: Biographisch-Bibliographisches Kirchenlexikon, Bd. VII. Herzberg 1994.

Lähnemann, J. (Hrsg.): Erziehung zur Kulturbegegnung. Modelle für das Zusammenleben von Menschen verschiedenen Glaubens, Schwerpunkt Christentum und Islam. Hamburg 1986.

Lamparter, H.: Luthers Stellung zum Türkenkrieg. München 1940.

Lapeyre, G. G.: L'ancienne Eglise de Carthage, 2 vol. Paris 1932.

Laroui, A.: L'histoire du Maghreb – un essai de synthèse. Paris 1970.

Leclerq, D.-J.: Pierre le Vénérable et l'invitation au salut, in: Bulletin des Missions 20 (1966).

– Pierre le Vénérable. Saint-Wandville 1946.

Lemmens, L.: De Sancto Francisco Christum praedicante coram sultano Aegypti, in: Archivum Franciscanum Historicum 19 (1926).

Lenzenweger, J., u. a. (Hrsg.): Geschichte der katholischen Kirche, Graz–Wien–Köln 1990.

Lévi-Provenal, E.: Histoire de l'Espagne musulmane, Bde. 1–3. Paris 1950–1953.

Lind, R.: Luthers Stellung zum Kreuz- und Türkenkrieg. Gießen 1940.

Llinarès, A.: Raymond Lull, Philosoph de l'Action. Paris 1963.

Lohr, Ch.: Christianus arabicus, cuius nomen Raimundus Lullus, in: Freiburger Zeitschrift für Philosophie und Theologie 31 (1984).

Lomax, D. W.: Die Reconquista. München 1980.

Mandonnet, P.: Fra Ricoldo de Monte-Croce, Pélerin en Terre Sainte et Missionaire en Orient, in: Revue Biblique 2 (1893).

Manitius, M.: Geschichte der lateinischen Literatur des Mittelalters. Bd. 3. München 1931; Nachdruck: ebd. 1965 (Handbuch der Altertumswissenschaft, hrsg. v. W. Otto, IX/2, 1–3).

Manuel, P.: La première traduction latine du Coran, in: En terre d'Islam (1945).

– Une Encyclopédie de L'Islam. Le Recueil de Bibliander 1543 et 1550, in: En Terre d'Islam (1946).

Marmura, M.: Der Islam II. Politische Entwicklungen und theologische Konzepte (Die Religionen der Menschheit, Bd. 25/2). Stuttgart–Berlin–Köln–Mainz 1985.

Marraccius, L.: Refutatio Alcorani, 2 vol.; vol. 1: Alcorani textus universus. Pativii 1698.

Massignon, L.: La passion d'al Hosayn-ibn-Mansur al-Halloj, martyr mystique de l'Islam, exécuté à Bagdad le 26 mars 922. Étude d'histoire religieuse, 2 vol. Paris 1922, ²1975.

Masson, D.: Le Coran et la Révélation judéo-chrétienne. Etudes comparées, 2 vol. Paris 1958.

Mayer, H. E.: Geschichte der Kreuzzüge. Stuttgart–Berlin–Köln–Mainz 1968 (⁶1985).

Menze, C.: Zur Geschichte der Toleranzidee von der Frühaufklärung bis zum Neuhumanismus in Deutschland, in: J. Schneider (Hrsg.): Kulturelle Vielfalt als Problem für Gesellschaft und Schule (Münstersche Gespräche zu Themen der wissenschaftlichen Pädagogik 13). Münster 1996.

Menzel, O.: Johannes Kymeus: Des Babsts Hercules wider die Deudschen, in: Cusanus-Studien VI. Heidelberg 1941.

Menzini, A.: Per lo Studio della Leggenda di Maometto in Occidente, in: Rendiconti della R. Accademia Nazionale dei Lincei, Classe di Scienze Morali, Storiche e Filologiche ser. VI, Bd. 10 (1934).

Mérigoux OP, J.-M. (Hrsg.): Riccoldo da Monte di Croce, Contra legem Sarracenorum, in: Memorie Dominicane N. S. 17 (1986).

– Un précurseur du dialogue islamo-chrétien, Frère Ricoldo (1243–1320), in: Revue Thomiste (1973).

Mohler, L. (Hrsg.): Nicolaus von Cues, Über den Frieden im Glauben, (NvKdÜ, Heft 8, Philosophische Bibliothek, Bd. 223). Leipzig 1943.

Monneret de Villard, U.: La Vita, le opere e i viaggi di fratre Ricoldo de Montecroce O.P., in: OrChrP 10 (1944).

– Il libro della Peregrinazione nelle parti d'Oriente di fratre Ricoldo de Montecroce. Rom 1948.

– Lo studio dell'Islam in Europa nel XII e nel XIII secolo (Studi e Testi 110). Città del Vaticano 1944.

Moubarac, Y.: Pentalogie islamo-chrétienne, t. 1: L'œuvre de Louis Massignon. Beyrouth 1972.

Müller, K./Ustorf, W.: Einleitung in die Missionsgeschichte. Stuttgart 1995.

– /Sundermeier, Th. (Hrsg.): Lexikon missionstheologischer Grundbegriffe, Berlin 1987.

Neill, S.: Geschichte der christlichen Missionen, hrsg. und ergänzt von N.-P. Moritzen. Erlangen ²1990.

Niewöhner, F.: Veritas sive Varietas. Lessings Toleranzparabel und das Buch Von den drei Betrügern (Bibliothek der Aufklärung V). Heidelberg 1988.

Nijenhuis, W.: Luther en de Islam, in: Nederlands Theologische Tijdschrift 33 (1979).

Nöldeke, Th.: Geschichte des Qorans, 1. Über den Ursprung des Qorans. Bearbeitet von Friedrich Schwally. Leipzig 1909; 2. Die Sammlung des Qorans. Völlig umgearbeitet von Friedrich Schwally. Leipzig 1919; 3: Die Geschichte des Qorantextes. Von Gotthelf Bergsträsser und Otto Pretzl. Leipzig 1938 (Nachdruck: Hildesheim 1961 und 1970).

Odier-Bignami, J./Levi della Vida, G.: Une version latine de l'Apocalypse syro-arabe de Serge-Bahira, in: MAH LXII (1950).

Oelmüller, W.: Die unbefriedigte Aufklärung. Beiträge zu einer Theorie der Moderne von Lessing, Kant und Hegel. Frankfurt/M. 1969.

Otto, J. A.: Gründung der neuen Jesuitenmission durch General Pater Johann Philipp Roothaan. Freiburg 1939.

Ottaviano, C. (ed.): De adventu Messiae prol., in: Estudis Universitaris Catalans 14 (1929).

Palencia, A. Gonzalez: Los Mozárabes de Toledo en los siglos XII y XIII, 4 Bde. Madrid 1926–1930.

Paret, R.: Der Koran. Übersetzung. Stuttgart 1966; Der Koran. Kommentar und Konkordanz. Stuttgart 1971; ²1977. – Als Taschenbuch: Stuttgart ³1986.

Parisse, M.: Die Iberische Halbinsel, in: J.-M. Mayeur u. a. (Hrsg.): Die Geschichte des Christentums, Religion – Politik – Kultur. Deutsche Ausgabe, Bd. 5. Freiburg–Basel–Wien 1994.

Payne, R.: Die Kreuzzüge. Zweihundert Jahre Kampf um das Heilige Grab. Zürich 1986.

Pfannmüller, G.: Handbuch der Islam-Literatur. Berlin–Leipzig 1923.

Pfister, R.: Reformation, Türken, Islam: Zwingliana 10 (1956).

Pidal, R. Menéndez: La Espaa del Cid, 2 Bde. Madrid ²1947.

Piepmeier, H.: Aufklärung I – Philosophisch, in: TRE I.

Pilcher, A. Douglas: North Africa Mission – Nordafrikanische Mission, in: S. Neill/N.-P. Moritzen/E. Schrupp (Hrsg.): Lexikon zur Weltmission. Wuppertal–Erlangen 1975.

Platzeck, E. W.: Raimund Lull. Sein Leben – seine Werke. Die Grundlagen seines Denkens I/II (Bibliotheca Franciscana 5/6). Düsseldorf 1962–64.

Powell, J. M. (Hrsg.): Muslims under Latin Rule 1100–1300. Princeton 1990.

Preuß, H.: Die Vorstellungen vom Antichrist im späteren Mittelalter, bei Luther und in der konfessionellen Polemik. Ein Beitrag zur Theologie Luthers und zur Geschichte der christlichen Frömmigkeit. Leipzig 1906.

Rahman, S. A.: Punishment of apostasy in Islam. Lahore 1972.

Rambaud-Buhot, J. (ed.): Quomodo Terra Sancta recuperari potest (Petitio Raymundi ad Nicolaum IV. Papam) und Tractatus de modo convertendi infideles, in: Opera latina III. Palma de Mallorca 1954.

Reinert, B.: Der islamische Begriff des „heiligen Krieges". Ursprung und Entwicklung, in: F. Stolz (Hrsg.): Religion zu Krieg und Frieden. Zürich 1986.

Rengstorf, K. H./Kortzfleisch, S. v. (Hrsg.): Kirche und Synagoge. Handbuch zur Geschichte von Christen und Juden I. Stuttgart 1968 (Taschenbuchausgabe 1988).

Robles Sierra, A.: Fray Ramón Marti de Subirats, O.P. y el diálogo misional en el siglo XIII. Burgos 1986.

– Raimundi Martini Capistrum Iudaeorum I/II (Corpus Islamo-Christianum: Series Latina 3 und 5). Würzburg–Altenberge 1990 und 1993.

Rodinson, M.: Das Bild im Westen und westliche Islamstudien, in: J. Schacht/C. E. Bosworth (Hrsg.): Das Vermächtnis des Islams. 2 Bde. Zürich–München 1980.

Röhricht, R. (Hrsg.): Epistolae V de perditione Acconis 1291 Fratris Ricoldi de Monte Crucis, in: Archives de l'Orient Latin II, 2 (1884).

– Lettres de Ricoldo de Monte Croce, in: AOL 2,2 (1884).

Roncaglia, M.: Biblioteca Bio-Bibliografica della Terra Santa e dell'Oriente Francescano I: Storia della provincia della Terra Santa, 1: Francescani in Oriente durante la Crociata. Kairo 1954.

– San Francesco d'Assisi in Oriente, in: Studi Francescani 50 (1953).

Ruh, H.: Ist die Lehre vom gerechten Krieg am Ende?, in: F. Stolz (Hrsg.): Religion zu Krieg und Frieden. Zürich 1986.

Runciman, S.: Geschichte der Kreuzzüge, 3 Bde. München ²1975.

Sahas, D. J.: John of Damascus on Islam. The „Heresy of the Ismaelites". Leiden 1972.

Sanchez Alboronoz, Cl.: La España musulmana, según los autores islamistas y christianos medievales, 2 Bde. Buenos Aires 1946.

Schindler, A.: Das christliche Nordafrika, (2.–7. Jh.), in: TRE I (1977).

Schmidlin, J.: Katholische Missionsgeschichte. Steyl o. J. (1925).

Schmidt, M.: Aufklärung II – Theologisch, in: TRE I.

Schneider, W.: Hoffnung auf Vernunft – Aufklärungsphilosophie in Deutschland. Hamburg 1990.

Schoen, U.: Die Kirche der Berber. Über die mutmaßlichen Gründe ihres Aussterbens, in: Th. Sundermeier (Hrsg.): Fides pro mundi vita. Gütersloh 1980.

– Vom Leben und Sterben der Kirche in Nordafrika, in: W. Ustorf/W. Weisse (Hrsg.): Kirchen in Afrika. Erlangen 1979.

– Jean Faure, Missionar und Theologe in Afrika und im Islam. Göttingen 1984.

Schragl, F.: Die Kreuzzüge, in: Geschichte der katholischen Kirche, hrsg. von J. Lenzenweger/P. Stockmeier/K. Amon/R. Zinnhobler. Graz–Wien–Köln 1990.

– Kreuzzüge mit anderen Zielsetzungen, in: ebd.

Schröder, W.: Aufklärung, in: Europäische Enzyklopädie zu Philosophie und Wissenschaften, Bd. 1. Hamburg 1990.

Schweigger, S.: De Arabische Alcoran etc. Hamburg 1641.

– Alcoranus Mahumeticus, das ist: der Türken Alcoran, Religione und Aberglauben etc. Nürnberg 1616.

Schwingens, R. C.: Kreuzzugsideologie und Toleranz. Stuttgart 1977.

Seston, W.: Sur les derniers temps du christianisme en Afrique, in: MAH 53 (1936).

Setton, K. M.: A History of the Crusades, 6 Bde. Philadelphia 1955–1989.

Siegwart, J.: Die Pataria des 11. Jahrhunderts, in: Zeitschrift für Schweizer Kirchengeschichte 71 (1977).

Simon, G.: Der Islam und die christliche Verkündigung. Gütersloh 1920.

Simonet, F. J.: Historia de los Mozárabes de España. Madrid 1903.

Six, J. F.: Charles de Foucauld. Freiburg 1981.

Snouk-Hurgronje, C.: Verspreide Geschriften – Gesammelte Schriften, Bde. I–V. Bonn–Leipzig 1923/25.

Soden, H.: Die Geschichte der altchristlichen Kirche in Nordafrika, in: Urchristentum und Geschichte. Band II. Tübingen 1956.

Southern, R. W.: Das Islambild des Mittelalters. Stuttgart–Berlin–Köln–Mainz 1981.

Speel, C. J.: The Disappearence of Christianity from North Africa in the Wake of the Rise of Islam, in: CH 29 (1960).

Speyer, H.: Die biblischen Erzählungen im Qoran. Gräfenhainichen 1931; Nachdruck: Darmstadt 1961.

Spuler-Stegemann, U.: Muslime in Deutschland. Nebeneinander oder Miteinander? Freiburg–Basel–Wien 1998.

Steinschneider, M.: Polemische und apologetische Literatur in arabischer Sprache zwischen Muslimen, Christen und Juden, nebst Anhängen verwandten Inhaltes (Abhandlungen zur Kunde des Morgenlandes VI, 3). Leipzig 1877; Nachdruck: Hildesheim 1966.

– Die europäischen Übersetzungen aus dem Arabischen bis Mitte des 17. Jahrhunderts. Wien 1904.

Stieglecker, H.: Die Glaubenslehren des Islam. Paderborn–München–Wien 1962; ²1983.

Streit, R./Dindinger, J. (Hrsg.): Bibliotheca Missionum, XV: Afrikanische Missionsliteratur 1053–1599. Freiburg 1951.

Sygranyes de Franch, R.: Raymond Lull, docteur des missions. Schöneck–Beckenried 1954.

Teissier, H.: Eglise en Islam. Paris 1984.

Tenbrock, R. H./Kluxen, K.: Zeit und Menschen – Das Werden der modernen Welt (1648–1918), Bd. 3. München 1977.

Terrasse, H.: Islam d'Espagne, une rencontre de l'Orient et de l'Occident. Paris 1958.

Théry, P. G.: Tolède, grande ville de la renaissance médiévale, point de jonction entre les cultures musulmane et chrétienne. Oran 1944.

Throop, P. A.: Criticism of Crusade. A Study of Public Opinion and Crusade Propaganda. Amsterdam 1940.

Tien, A. (Hrsg.): Risalat 'Abdallah ibn-Isma'il al-Hashimi ila 'Abd-al-Masih ibn-Ishak al-Kindi wa Risalat al-Kindi ila al-Hashimi. London 1880; Neuauflagen 1885 und 1912.

Toldt, K.-P.: Raimundus Marti, in: Biographisch-Bibliographisches Kirchenlexikon, Bd. VII. Herzberg 1994.

Tourneau, R. le: The Almohad movement. Princeton 1969.

Umhau Wolf, C.: Luther and Mohammedanism: MW 31 (1941).

Urvoy, D.: Penser l'Islam: les présupposés islamiques de l'Art de Llull. Paris 1980.

– Ramon Lull et l'Islam, in: Islamochristiana 7 (1981).

Vasiliev, A. A.: History of the Byzantine Empire. 2 Bde. Madison ³1961.

– Byzance et les Arabes. 2 Bde. Brüssel 1935/50.

Vat, O. van der: Die Anfänge der Franziskanermissionen und ihre Weiterentwicklung im Nahen Orient und in den mohammedanischen Ländern während des 13. Jahrhunderts (Veröffentlichungen des Internationalen Instituts für Missionswissenschaftliche Forschungen. Missionswissenschaftliche Studien, hrsg. v. J. Schmidlin, Neue Reihe Bd. 6). Werl 1934.

Vernet, J.: Die spanisch-arabische Kultur in Orient und Okzident. Zürich–München 1984.

Villanyi, A.: La fondation de la mission algérienne dans la correspondance du Père Géneral Roothaan, in: NZM 18 (1962)

Voerzio, M.: Fr. Guglielmo da Tripoli. Firenze 1955.

Vones, L.: Geschichte der Iberischen Halbinsel im Mittelalter 711–1480. Reiche – Kronen – Regionen. Sigmaringen 1993.

Waardenburg, J.: Islamisch-Christliche Beziehungen. Geschichtliche Streifzüge (Religionswissenschaftliche Studien 23). Würzburg–Altenberge 1993.

– L'Islam dans le miroir de l'Occident (Recherches Méditerranéennes III). Paris–La Haye ³1970.

Waltz, J.: Muhammad and the Muslims in St. Thomas Aquinas, in: Muslim World 66 (1976).

Walz, A.: Chronotaxis vitae et operum Sancti Thomae de Aquino, in: Angelicum 16 (1939).

– San Thomas d'Aquino. Roma 1945.

Watt, W. M./A. T. Welch: Der Islam I (Religionen der Menschheit, Bd. 25/1). Stuttgart–Berlin–Köln–Mainz 1980.

– /Cachia, P.: A History of Islamic Spain. Edinburgh 1965.

Wensinck, A. J.: Art. „Bahîra", in: HW Islam (1976).

Werner, E./Erbstößer, M.: Kleriker, Mönche, Ketzer. Das religiöse Leben im Hochmittelalter (Herder Spektrum 4284). Freiburg–Basel–Wien 1994.

– Pauperes Christi. Studien zu sozial-religiösen Bewegungen im Zeitalter des Reformpapsttums. Leipzig 1956.

– Häresie und Gesellschaft im 11. Jahrhundert. Berlin 1975.

Werner, H.-G.: Göttliche und menschliche Vernunft – Lessing über die Möglichkeit einer humanen Zukunft, in: L. Bornscheuer/H. Kaiser/J. Kuhlenkampf (Hrsg.): Glaube – Kritik – Phantasie – Europäische Aufklärung in Religion und Politik, Wissenschaft und Literatur. Frankfurt/M. 1993.

Wieruszowski, H. (ed.): Petitio ad Bonifatium VIII. papam (1295), in: Miscellània Lulliana. Barcelona 1935.

Wolter, H.: Der Kampf der Kurie um die Führung im Abendland, in: HdK III/2.

Woolworth, W.: A Bibliography of Koran Texts and Translations, in: The Moslem World 5 (1915).

Zimmermann, H.: Das Mittelalter. II. Teil: Von den Kreuzzügen bis zum Ende der großen Entdeckungsfahrten. Braunschweig 1979.

Zwemer, S.: Translations of the Koran, in: The Moslem World 17 (1927).

– Studies in Popular Islam, London 1939.

– Das Gesetz wider den Abfall vom Islam. Gütersloh 1926.

Personenverzeichnis